Inhalt / Table / Content

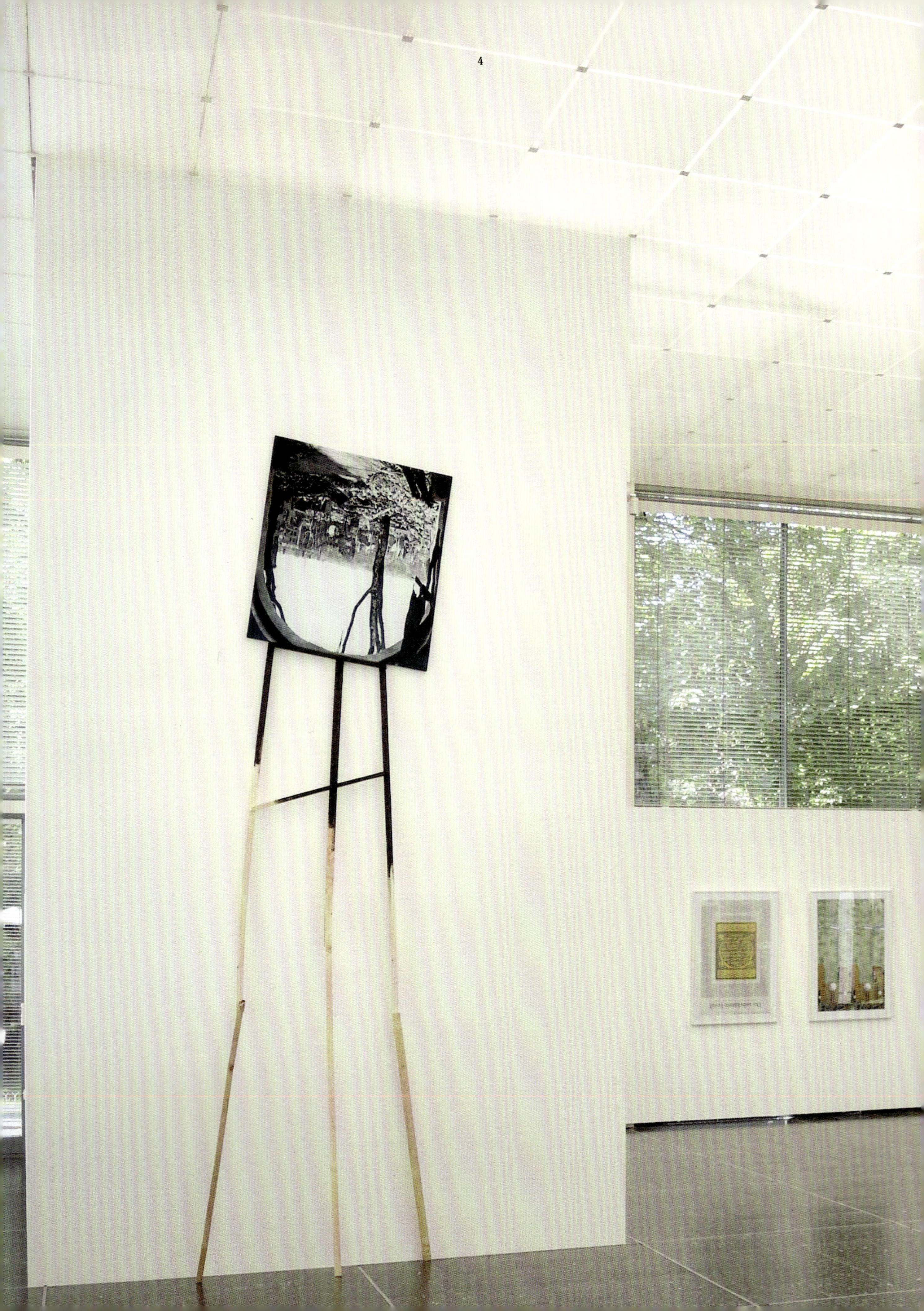

Katrin Ströbel

MAKING LOVE TO UNKNOWN CITIES

DISTANZ

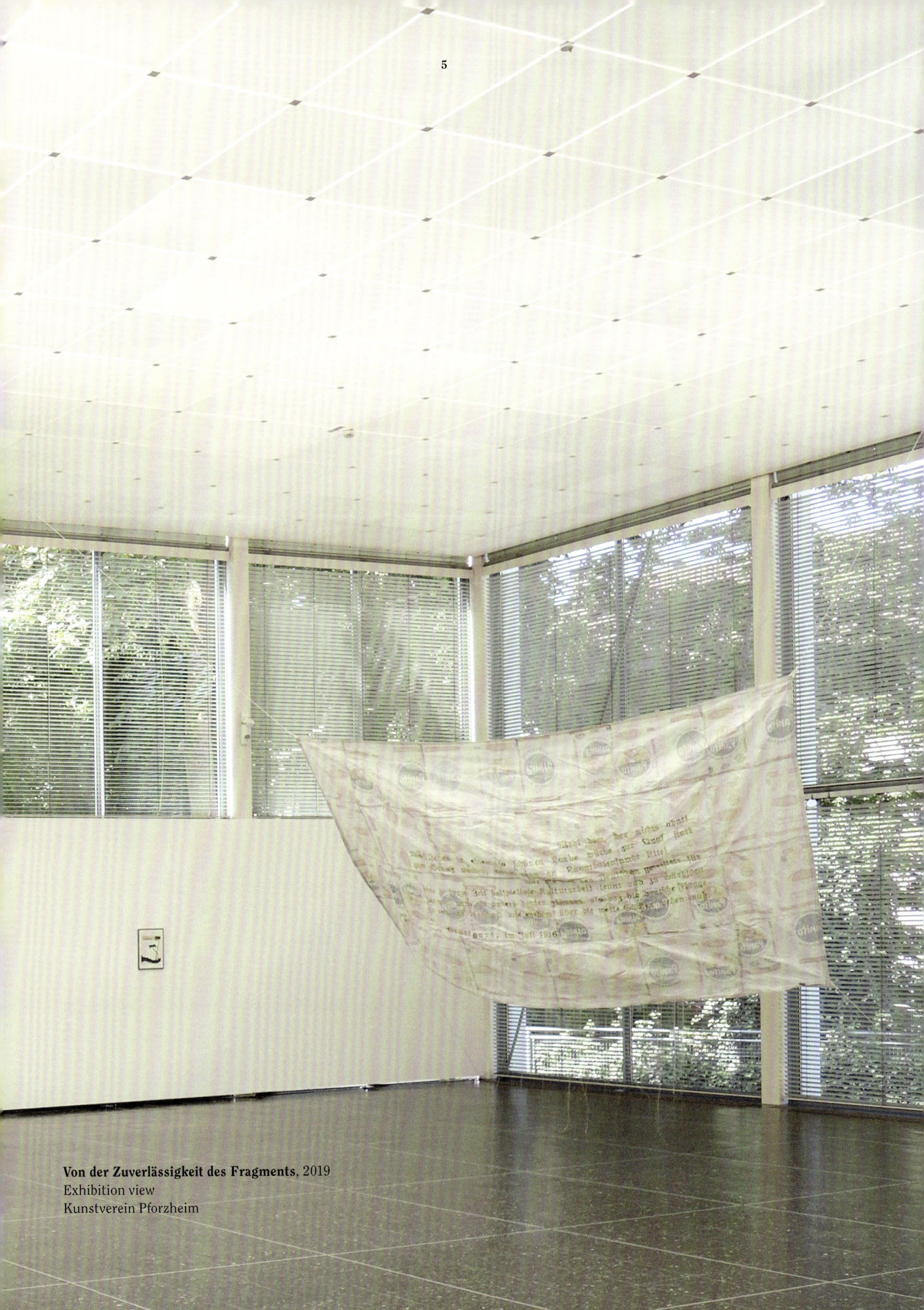

Von der Zuverlässigkeit des Fragments, 2019
Exhibition view
Kunstverein Pforzheim

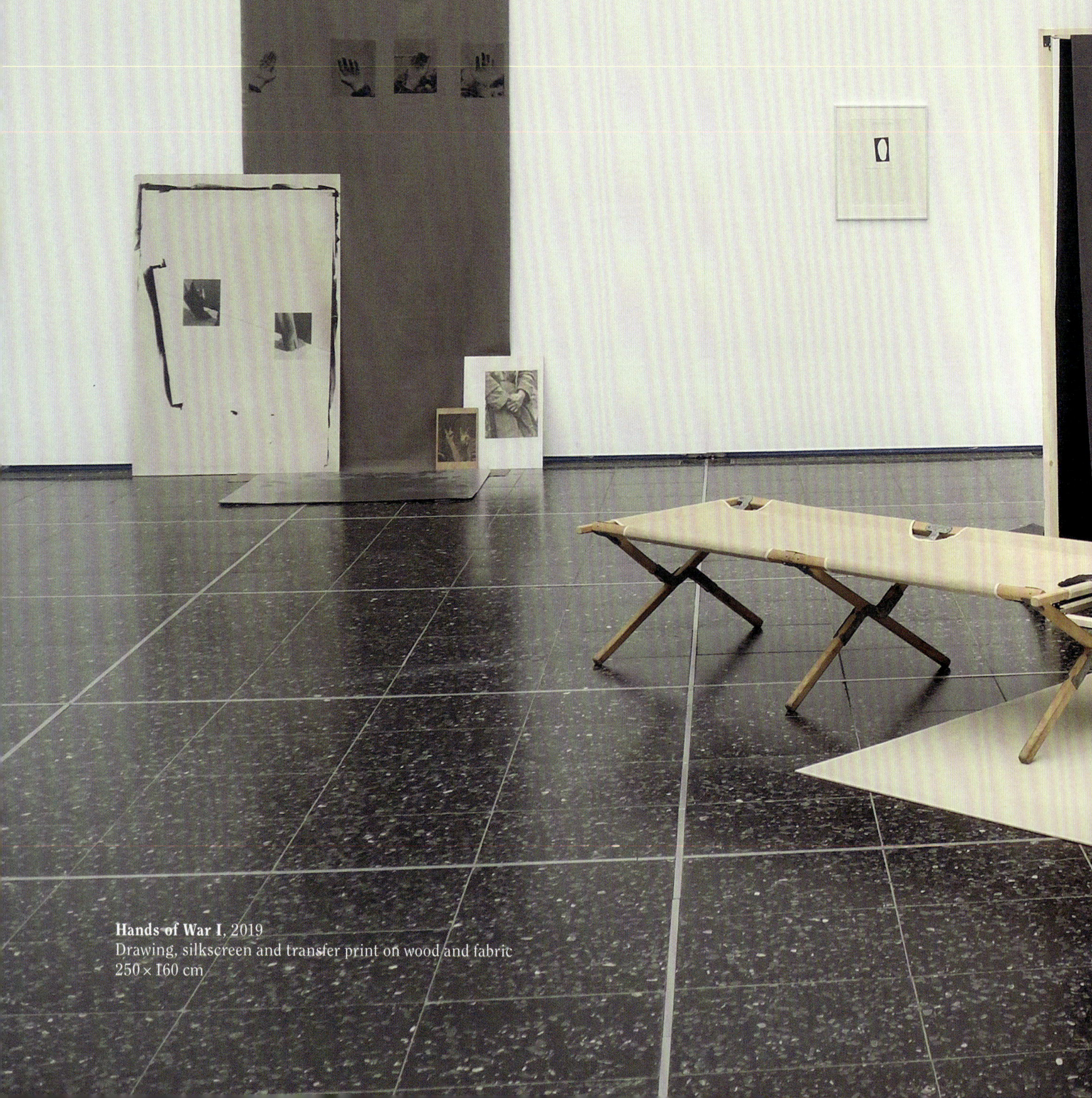

Hands of War I, 2019
Drawing, silkscreen and transfer print on wood and fabric
250 × 160 cm

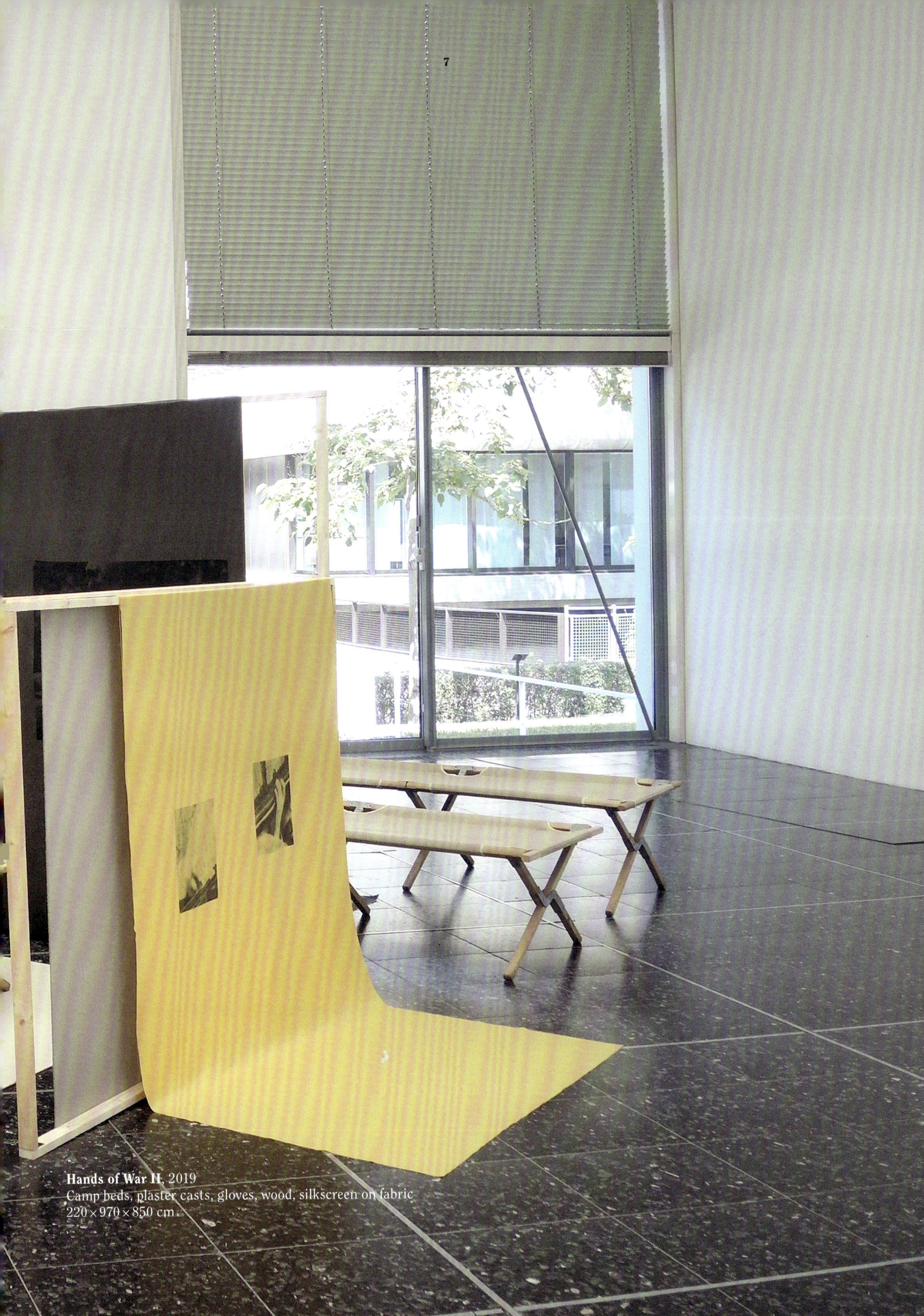

Hands of War II, 2019
Camp beds, plaster casts, gloves, wood, silkscreen on fabric
220 × 970 × 850 cm

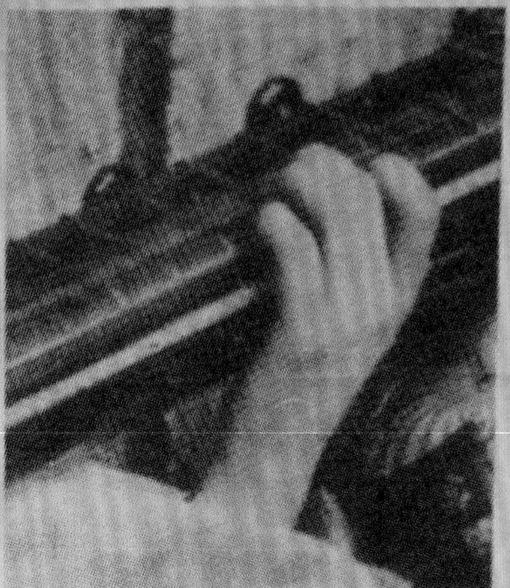

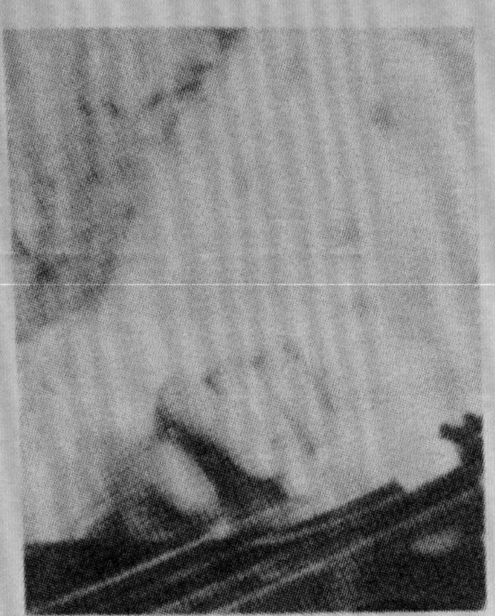

Hands of War II, 2019
Detail (Noor Inayat Khan), silkscreen on fabric, plaster casts

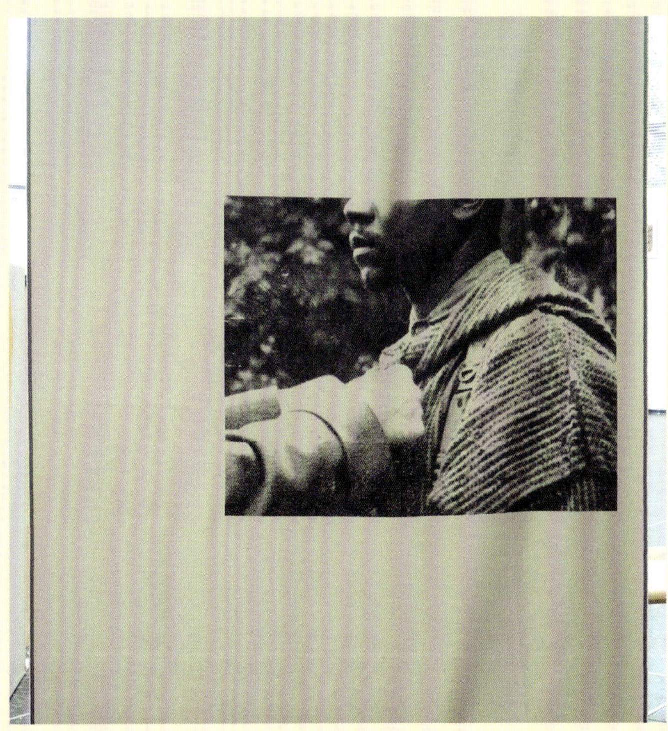

Hands of War II, 2019
Detail (De Gaulle, Goumier marocain), silkscreen on fabric

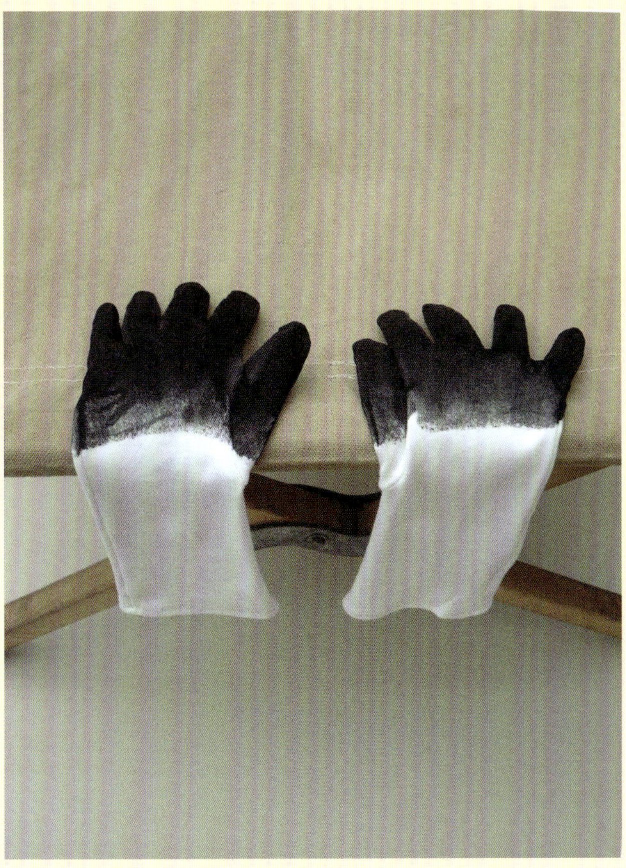

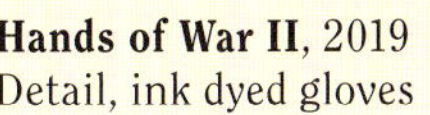

Hands of War II, 2019
Detail, ink dyed gloves

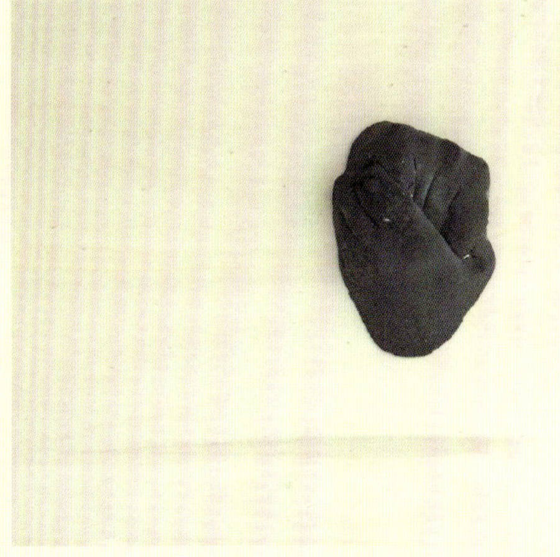

Hands of War II, 2019
Detail, dyed plaster cast, wood

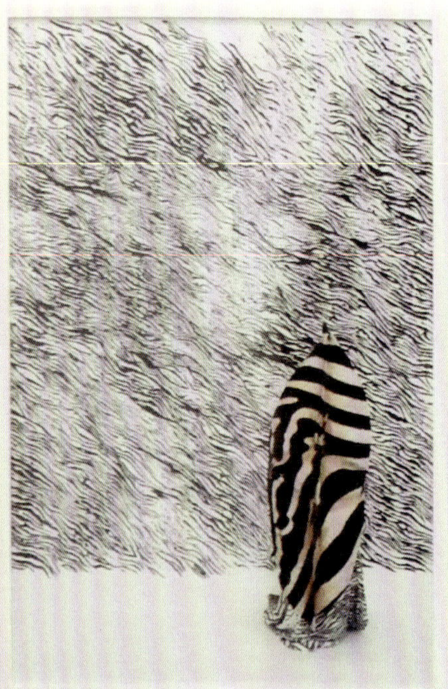

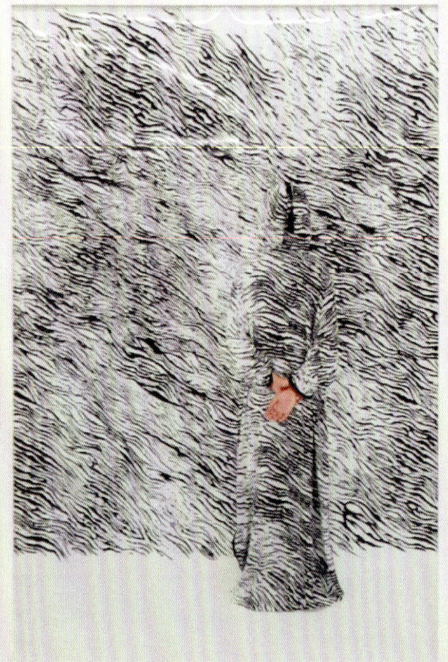

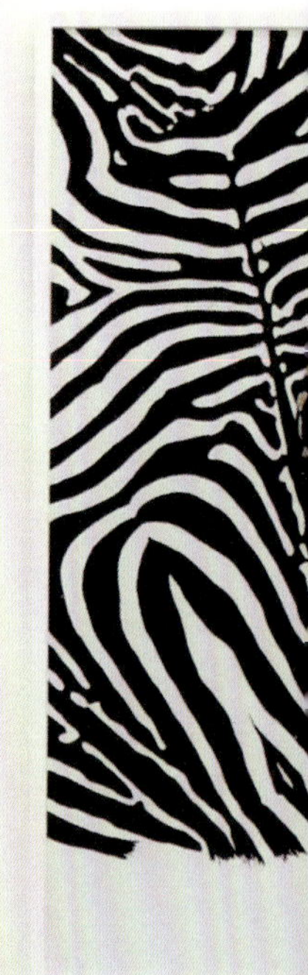

Wandelnde Blätter (Gespenstschrecken) and other failed attempts of cultural appropriation, 2018
Series of photographs (African shield cf. p 78)
each 60 × 90 cm

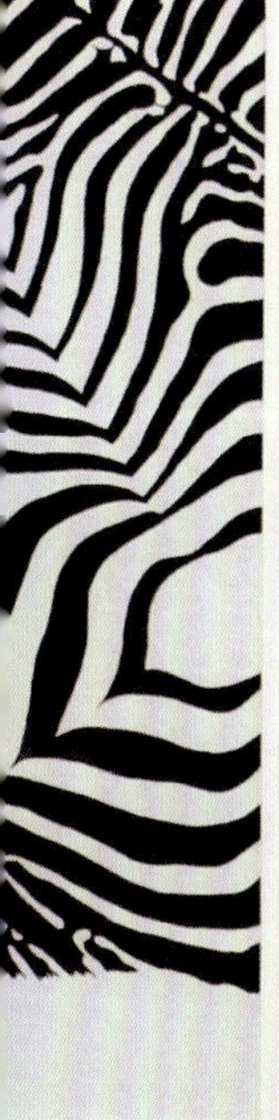
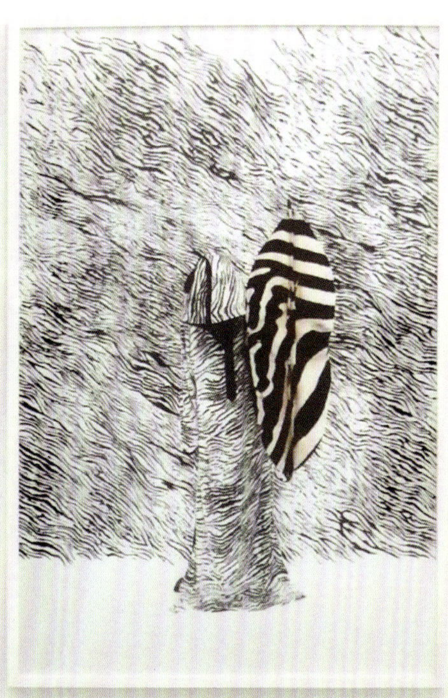
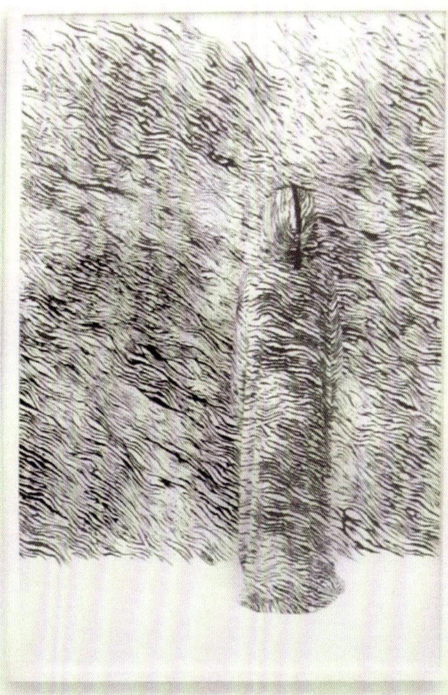

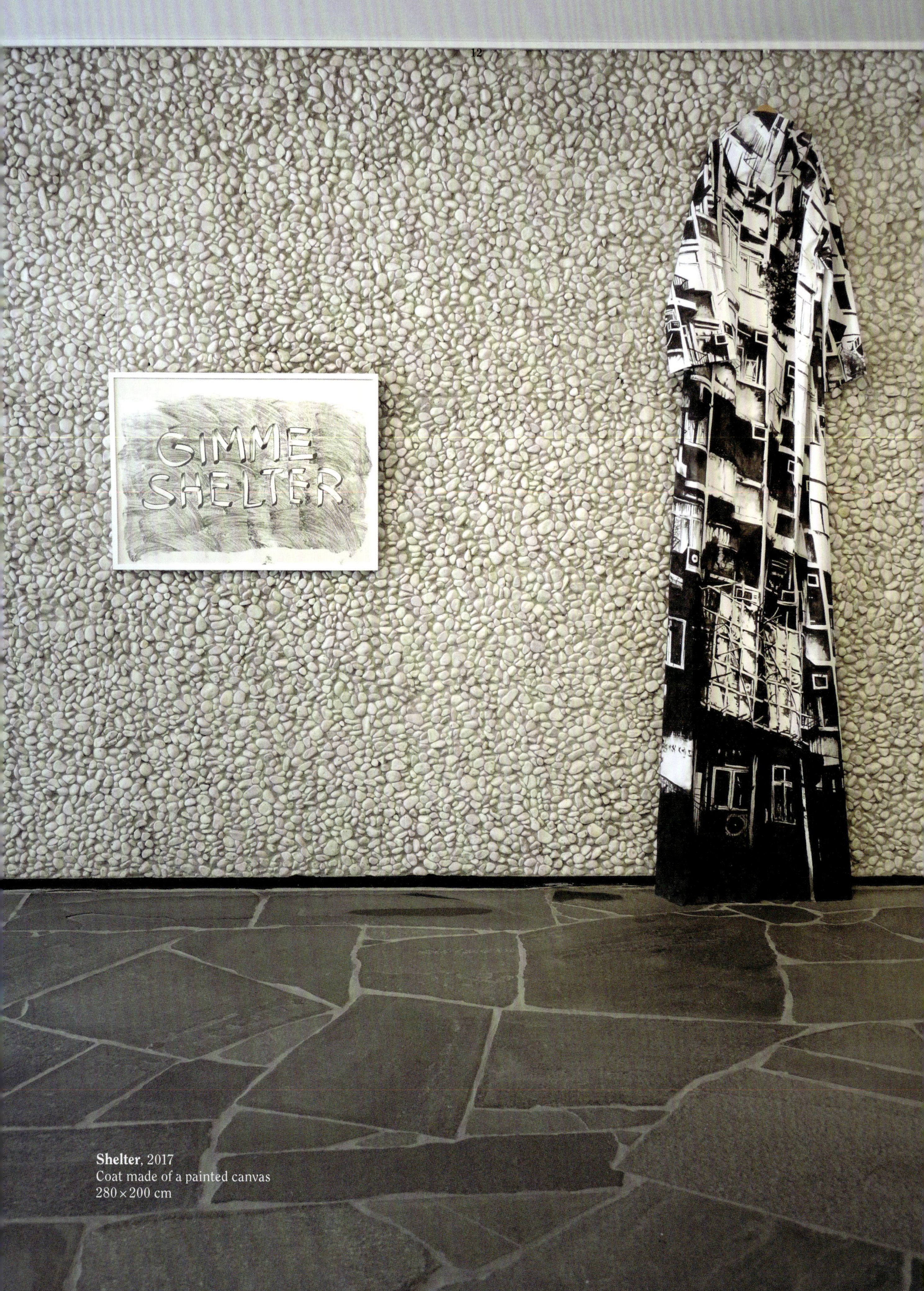

Shelter, 2017
Coat made of a painted canvas
280 × 200 cm

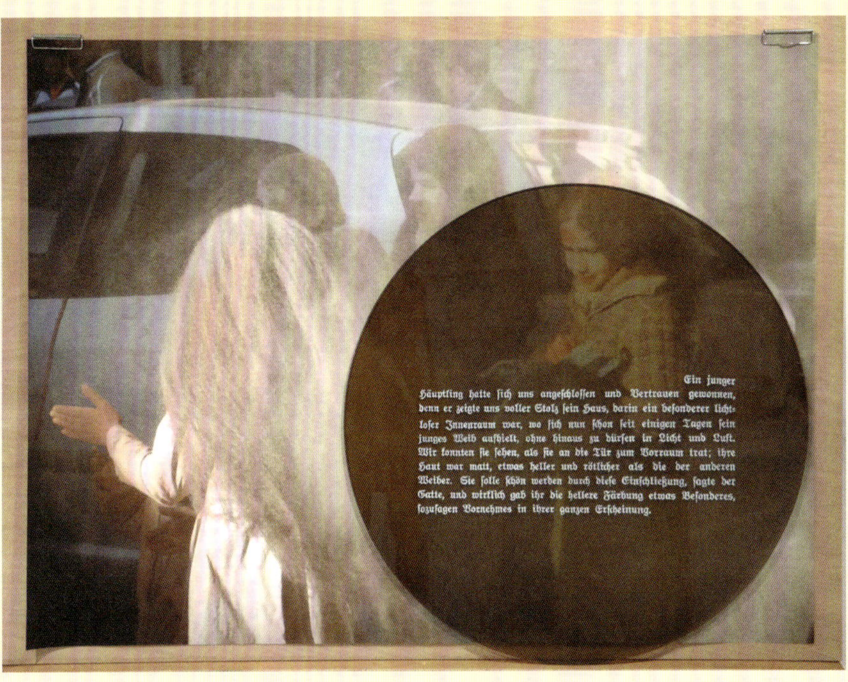

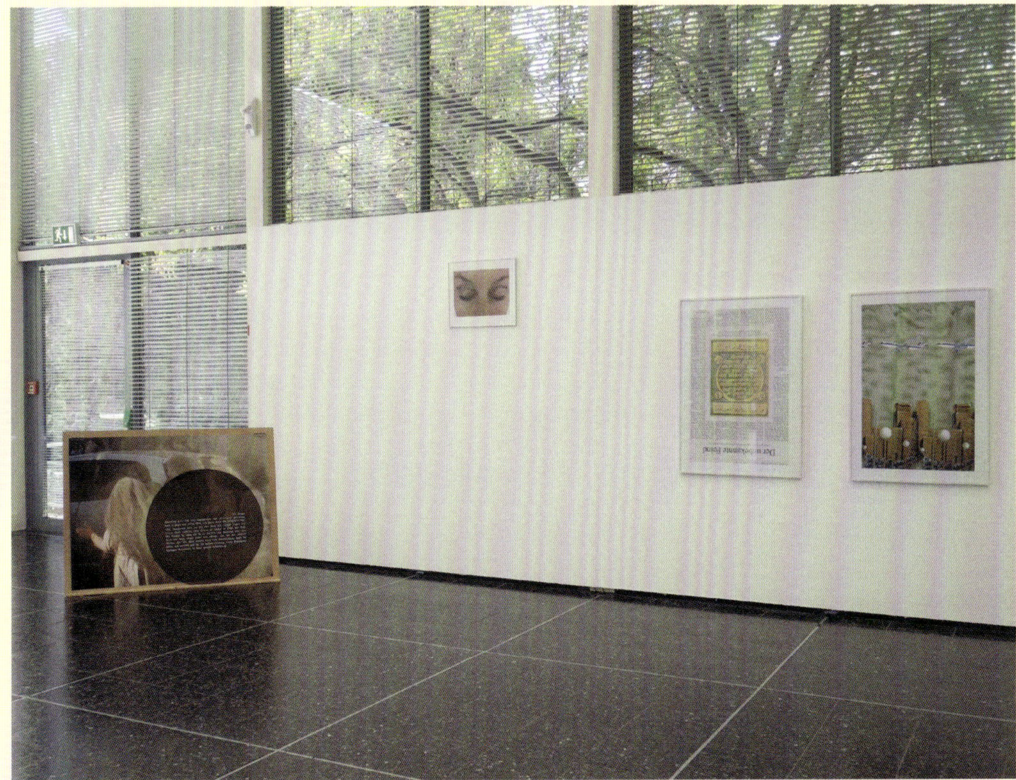

Von der Zuverlässigkeit des Fragments, 2019
Exhibition view
Kunstverein Pforzheim

Die hellere Färbung, 2014
Photograph, wood, text on glass pane
120 × 160 cm

Dorit Schäfer

Varianten des Zeichnerischen
Anmerkungen zum Werk von Katrin Ströbel

Katrin Ströbels Kunst ist keine l'art pour l'art. Ihre Werke sind geprägt von einem gesellschaftskritischen Blick auf eine Welt, in der ein sich steigernder Turbokapitalismus keine Rücksicht auf soziale Gerechtigkeit nimmt. Eurozentrismus, Kolonialismus, Rassismus, Feminismus und Migration gehören zu den vielschichtigen Themen, denen sich die Künstlerin in ihren Arbeiten widmet. Dabei sind die Techniken und Gattungen, in denen sie sich bewegt, so komplex wie die Inhalte ihrer Werke. Installationen, Videos, Fotografie, Performance – Katrin Ströbel spielt virtuos auf der Klaviatur zeitgenössischer Medien. Ihre internationale Vernetzung durch Auslandsaufenthalte in zahlreichen Ländern und auf unterschiedlichen Kontinenten hat ihre Welterfahrung und ihre Fragestellungen beeinflusst. So ist es durchaus bemerkenswert, dass eine derart global agierende, vielseitig tätige Künstlerin nach wie vor die intimste, ursprünglichste Kunstgattung als diejenige ansieht, die ihrer Arbeit zugrunde liegt und sie zutiefst prägt: die Zeichnung. Und damit sind bei jeglichem Paradigmenwechsel, den der Zeichnungsbegriff seit den Sechzigerjahren durchlaufen hat, durchaus die grundlegenden Elemente dieser Gattung gemeint: Liniengebilde und Papier. Den Akt des Zeichnens beschrieb Katrin Ströbel 2010 als etwas Intimes, bei dem sie allein sein muss – speziell, wenn sie Dinge sucht oder ausprobiert.[1] Gleichzeitig ist die Zeichnung – wie die Schrift – für sie flexibel einsetzbar und durch ihre Mobilität und Medienvariation unterschiedlichst nutzbar. Dabei spielt das gesehene und gelesene Wort in ihren Werken eine herausragende Rolle. Dass die individuell eingesetzte Technik – das Zeichenmedium, die Linie und der Bildträger – bereits wesentliche Ausdrucksträger des jeweiligen Inhalts einer Arbeit sind, mögen einige Werke aus den Jahren 2015–2018 veranschaulichen.

Fingerzeichnung, archaisch

Der kalkulierte, den Inhalt formal spiegelnde Umgang mit den grundlegenden Gestaltungselementen der Zeichnung wird in der Papierarbeit *Gimme Shelter* von 2016 anschaulich: Breite, transparente Pinselstriche in Grau füllen die Fläche und halten die raschen Gesten der Künstlerin fest. In die noch flüssige Farbe schrieb sie mit dem Finger die Aufforderung „Gimme Shelter" – „Gib mir Schutz, gib mir Unterkunft, gib mir ein Dach über den Kopf!" Die Assoziation eines von Geflüchteten in Sand, Staub oder auf beschlagenes Glas geschriebenen Hilferufs stellt sich ein, der mit einem leichten Wischen ausradiert werden kann – eine Botschaft, die aus Mangel an anderem Material mit dem Finger in die unmittelbare Umgebung geschrieben wurde. Die ästhetische Wirkung entspricht somit der archaischsten, unmittelbarsten Form der Zeichnung, die hier als Schriftbild über das Verfahren der Monotypie auf Papier gedruckt wurde. Dabei veranschaulichen die aus dem bestrichenen Papiergrund leuchtenden Worte deutlich ihren Inhalt: So, wie die Buchstaben sich in den Grund einschreiben und von ihm umfangen werden, so ist eine schützende Umgebung für den Menschen vorstellbar. Das Verhältnis von Linie und Fläche entspricht der räumlichen Vorstellung eines körperlichen Zustandes, der massiv, in einem umgangssprachlichen, flüchtigen, hektischen Englisch eingefordert wird.

Tusche, Licht und Schatten

In einer scheinbar „klassischen" Tuschetechnik zeichnete die Künstlerin 2015 mit Permanentmarkern Stadtansichten von Casablanca auf Papier, das sie in einer regelmäßigen Struktur faltete. Das Raster der Knicke in *Casablanca décalé* (verschobenes Casablanca) überzieht die Darstellungen wie bei aufgefalteten Stadtplänen und verleiht den Zeichnungen Gebrauchsspuren. Der Blick ist von oben auf die Architektur gerichtet und erstreckt sich panoramaartig über zwei Papierträger. Innerhalb der sich ausbreitenden und auftürmenden Betonmassen verschwindet der Mensch in seiner selbst gebauten Metropole – in den schwarz gezeichneten Partien, die das Bild erzeugen. Die Vorstellung einer im gleißenden Sonnenlicht liegenden Stadt mit ihren scheinbar planlos gestapelten Gebäuden entsteht durch ihre dunklen Schatten, in denen die Bewohner*innen verschluckt zu werden scheinen. Schwarz und Weiß definieren eine Unmenge an Architektur, die sich wie auf einem überbelichteten Fotonegativ als surrealer Eindruck auf die Netzhaut einbrennt. Raumgreifend wird diese Form der Zeichnung auf dem Paravent *Belsunce, Saint-Saëns* aus dem Jahr 2017. Hier entsprechen die hochformatigen Einzelteile der Trennwand den kubischen Türmen der Anfang der Sechzigerjahre errichteten Tours Labourdette im Zentrum von Marseille. Unregelmäßige Tuschpartien lassen auch hier die verschatteten Wohnungen hinter den aufeinander gestapelten Hochhausbalkonen wie Höhlen erahnen, in deren monotoner Gleichförmigkeit der Mensch sein Leben achtbar und glücklich verbringen soll. Einst Inbegriff des sozialen Wohnungsbaus und gedacht für ein bezahlbares und würdiges Zusammenleben vieler Bewohner*innen auf engem Raum, entsteht im kontrastreichen Schwarzweiß der angeschnittenen Tuschezeichnung das endlose Bild einer gelebten Dystopie von Wohnmaschinen, deren unmäßige Anhäufung ihre humanitäre Leere veranschaulicht. Der einzige dargestellte Mensch in dieser gebauten Anonymität erscheint eindrücklich auf der Rückseite des Paravents – als Fotografie auf einem über die Stellwand gelegten Kleides. Von dort beobachtet er skeptisch durch die Gardine das Leben auf der Straße. Listig und ironisch zugleich weist das bedruckte Kleidungsstück auf die ursprüngliche Funktion des gefalteten Bildträgers: die sichtschützende Raumteilung beim Umkleiden.

Linie, Schrift, Skizze

Die Verwandtschaft von Zeichnung und Schrift ist für Katrin Ströbels Kunst maßgeblich und von ihr selbst wissenschaftlich untersucht worden.[2] Visuelle und verbale Zeichensysteme durchwirken sich in zahlreichen Arbeiten der Künstlerin. *Making love to unknown cities* aus dem Jahr 2018 ist ein herausragendes intermediäres Werk auf diesem Gebiet, in dem Katrin Ströbel das mit spitzem Stift geschriebene Wort und die gedankliche Skizze digital auf Stoff übertragen hat und zu einer Leseperformance erweitert. Zeichnen und Denken werden zur Kleidung; das im unsichtbaren, unbewussten Innersten Entstandene wird über die sichtbare Linie zum äußeren Erscheinungsbild der Künstlerin. Die Arbeit ist erneut geprägt vom Schwarzweiß-Kontrast, der sich sowohl in den zweigeteilten und umgedreht tragbaren Overalls als auch in den unterschiedlichen Druckbildern von schwarz auf weiß und weiß auf schwarz widerspiegelt. Schrift und Bild thematisieren unterschiedliche öffentliche Räume in zahlreichen Städten verschiedener Kontinente sowie deren soziale und kulturelle Einflüsse auf die Rolle der Frau. Tagebuchartige Notizen, eigene Reise- und Raumerfahrungen und die daraus resultierenden Reflexionen überlagern sich mit skizzierten Stadtansichten und Gebäudefassaden: „Nichts berührt sich / niemand berührt sich / niemand berührt mich." Geschriebenes und Gezeichnetes verbinden sich zu einem visuellen Bewusstseinsstrom, der sowohl im Detail entziffert als auch in einer Performance gehört oder in seinem linearen Chaos gesehen werden kann. Die feine Linie im Schriftsystem, als Erinnerungsskizze oder als emotionales Ausdrucksmittel, wird hier zur zweiten Haut der Künstlerin.

Zeichnung, Raum, Körper

Ein bedeutendes Element in den zeichnerischen Arbeiten Katrin Ströbels sind die Bildträger. Neben dem der traditionellen Zeichnung eigenen Papier, das sich als Leitmotiv nach wie vor durch das Werk der Künstlerin zieht, nutzt sie unterschiedlichste Materialien. Immer wieder – und ganz besonders in ihren Werken mit feministischem und antikolonialem Inhalt – weitet sie die Zeichnung dabei plastisch und räumlich aus, bisweilen (wie in der erwähnten Arbeit *Making love to unknown cities*) mit dem eigenen Körper. Besonders eindrucksvoll ist der irritierende Raumeindruck in der Zeichnung *Reversion* auf einem Klappspiegel von 2015/16. Die Betrachter*innen sehen sich der auf weißer Farbe in feiner Umrisszeichnung und in Lebensgröße dargestellten Gestalt einer nackten, jungen indigenen Frau gegenüber, die ihnen frontal ins Gesicht sieht. Ihr Blick ist ernst und lässt Trauer, Zorn, Unterjochung spüren, ihre Hände verschränkt sie schützend vor der Scham – die Vorlage des Motivs stammt aus einem Buch der Kolonialzeit. Sie anschauend sieht man sich selbst in ihrer Figur, nimmt ihre Gestalt an und steht plötzlich zwischen betrachtendem Selbst und Betrachteter bzw. Betrachtetem. In einer surrealen Umkehrung fusionieren die Betrachtenden mit der Zeichnung, die sie in einen virtuellen Raum zieht und in ihrer Darstellung verschlingt. Ganz ähnlich wie die Künstlerin von ihren eigenen Linien verschluckt wird, die sie in *Wandelnde Blätter (Gespenstschrecken) and other failed attempts of cultural appropriation* (2018) an die Wände zeichnete und sich davor – eingehüllt in ein traditionelles marokkanische Gewand mit den gleichen Liniengespinsten – fotografieren ließ.

Ein afrikanischer Schild aus Zebrafell inspirierte sie zur Arbeit mit den von der Natur geschaffenen Linien dieses außergewöhnlichen Wildtiers. In einer ironischen Aneignung seines Fellkleides erzeugt Katrin Ströbel eine Mimese mit dem Selbst und dem gezeichneten Umraum, die natürlich nie ganz gelingen wird. Und im thematischen Zusammenhang der kulturellen „Appropriation" spielt das außergewöhnliche Zebrafell hier auch eine besonders subtile Rolle, da seine „Tarnung" in der Natur ja eher zu seiner optischen Auffälligkeit beiträgt als zu einer optischen Vertuschung. Denn die oszillierende Wirkung der Streifen soll in erster Linie vor den krankheitsübertragenden Stichen der Tsetse-Fliege schützen, die optisch von ihrem Muster irritiert werden. Heute werden sogar Hauspferde mit Decken im Muster von Zebrastreifen vor Pferdebremsen geschützt. Ein Schelm, der Böses bei dieser Mimikry denkt? In jedem Fall weitet Katrin Ströbel ihre Zeichnung nicht nur in den Raum aus, sondern hüllt sich selbst so in sie ein, dass Werk, Raum und Künstlerin zu einer flirrenden Linienerscheinung verschmelzen, zum absurden Sinnbild einer kulturellen Assimilation, in der das Individuum verschwindet. Die Assimilation – und die Zeichnung – verschlingt ihre eigenen Kinder.

1 *Petra von Olschowski proudly presents: Suzie Wong meets Becky Thatcher. Sieben Räume von Dorothea Schulz und Katrin Ströbel*, Ausst.-Kat. Städtische Galerie Offenburg, Freiburg 2010, S. 58.
2 Katrin Ströbel, *Wortreiche Bilder. Zum Verhältnis von Text und Bild in der zeitgenössischen Kunst*, Bielefeld 2013.

Dorit Schäfer

Variations sur le dessin
Réflexions sur l'œuvre de Katrin Ströbel

L'œuvre picturale de Katrin Ströbel ne relève pas de l'esthétisme de *l'art pour l'art,* mais d'un regard critique porté sur un monde dans lequel un turbo-capitalisme vrombissant fait fi des inégalités sociales. L'eurocentrisme, le colonialisme, le racisme, le féminisme et la migration sont les multiples thèmes dont traite l'artiste dans ses travaux. Ce faisant, les techniques et les genres dans lesquels elle se meut sont aussi complexes que les contenus de ses travaux – installations, vidéos, photographies, performances. Katrin Ströbel joue avec virtuosité sur le clavier des médias contemporains. Ses interconnexions au travers de ses séjours dans de nombreux pays à travers les continents ont influencé son expérience du monde et ses questionnements. Dès lors, il est remarquable qu'une artiste aux multiples facettes considère encore aujourd'hui le dessin comme la discipline artistique la plus intime, la plus authentique et comme le moyen d'expression idéal dont est empreint l'ensemble de ses travaux. Malgré tous les changements paradigmatiques qu'il a connus depuis les années soixante, le dessin – en tant que formation de lignes sur du papier – reste le moyen d'expression constitutif des travaux de Katrin Ströbel. En 2010, elle décrivait l'acte de dessiner comme un processus intime qui ne peut se dérouler que dans la solitude – spécialement quand elle cherche et teste[1]. En même temps, le dessin – tout comme l'écriture – est pour elle un médium flexible qui peut, par sa flexibilité, recourir à des techniques diverses. Les mots (qu'on voit et qu'on lit) jouent un rôle important dans ses œuvres. Des travaux datant des années 2015-2018 montrent comment les procédés employés – matériau, ligne, support – annoncent d'avance le contenu d'un travail.

Dessin avec les doigts, un geste archaïque

La manière calculée de refléter sur le plan formel un contenu par les procédés élémentaires du dessin apparaît clairement dans l'œuvre sur papier *Gimme Shelter* de 2016. De larges traits de pinceau d'un gris diaphane couvrent toute la surface et mettent en exergue la rapidité du geste de l'artiste. Dans la couleur encore fraîche, elle inscrit avec un doigt la demande péremptoire : « Gimme Shelter » – « donne-moi un abri, donne-moi un gîte, donne-moi un toit ! » L'association s'impose : c'est un appel à l'aide d'un.e réfugié.e, qui, à défaut d'un autre matériau à disposition, écrit sa supplique avec le doigt sur le socle le plus proche – le sable, la poussière ou un verre embué – que l'on peut facilement effacer d'un coup d'éponge. L'effet esthétique correspond ainsi à la forme la plus archaïque et immédiate du dessin, transcrite ici en impression monotypique sur papier. Ce faisant, les mots luisants qui se découpent sur le fond enduit du papier illustrent clairement le message. Les caractères insérés et retenus dans l'arrière-fond suggèrent l'idée d'abri protecteur. La relation ligne-surface répond à la représentation spatiale d'une demande formulée dans un anglais familier, furtif, fébrile.

Encre de Chine, ombre et lumière

Selon une technique apparemment « classique » à l'encre de Chine, l'artiste a dessiné en 2015 avec des feutres indélébiles des vues de la ville de Casablanca sur un support en papier, qu'elle a ensuite plié en une structure régulière. Dans *Casablanca décalé,* la grille des pliures délimite les vues de la ville comme sur un plan de ville déplié et laisse sur les dessins des traces d'utilisation. Le regard est dirigé d'en haut sur l'architecture de la ville, qui s'étend en panorama sur deux feuilles de papier. L'être humain disparait dans les masses de béton qui s'étendent en largeur et en hauteur, il est englouti dans la métropole qu'il a lui-même construite, il s'évanouit dans les parties en noir du tableau. L'idée d'une ville exposée à une lumière éblouissante et constituée d'immeubles en apparence empilés au hasard est rendue par les zones d'ombres dans lesquelles les habitant.e.s semblent disparaître. Le noir et le blanc définissent l'architecture qui, comme dans un négatif surexposé, s'imprime de manière surréelle sur la rétine. Le même principe se retrouve dans *Belsunce, Saint-Saëns,* de 2017 : un paravent, dont les panneaux verticaux évoquent les tours Labourdette construites au début des années soixante dans le centre de Marseille. Là aussi, des touches irrégulières d'encre de Chine font apparaître dans l'ombre les appartements derrière les balcons des immeubles entassés les uns sur les autres comme des cavernes dans la monotonie desquelles l'être humain est sensé vivre une vie respectable et heureuse. Autrefois incarnation de la construction de logements sociaux dans l'idée d'une cohabitation honorable à un prix abordable sur un espace restreint, les logements collectifs représentés en contrastes noir et blanc dans ce dessin à l'encre de Chine illustrent une réelle dystopie de l'aménagement de l'habitat, transformé en « machines à habiter », dont l'accumulation excessive symbolise le vide humanitaire. Le seul être humain qui sorte de l'anonymat est représenté au dos du paravent en photographie sur une robe suspendue sur l'un des panneaux : il observe d'un œil sceptique la vie dans la rue à travers le rideau.

Astucieusement et avec ironie, le vêtement imprimé renvoie à la fonction première d'un paravent : protéger des regards la personne qui se change.

Lignes, écriture, esquisses
La filiation entre texte et dessin est déterminante dans l'art de Katrin Ströbel, un thème qu'elle a analysé dans une étude sémantique publiée en 2013[2]. Dans de nombreux travaux de l'artiste, des systèmes de signes visuels et verbaux s'entrelacent. *Making love to unknown cities* de 2018 est une œuvre intermédiaire marquante dans ce domaine ; l'artiste y reporte en impression numérique ses réflexions écrites avec un fin crayon et des esquisses du donné vécu sur une étoffe, dans laquelle elle s'enroulera dans une lecture-performance. Dessiner er penser se concrétisent dans un vêtement qu'elle porte, ce qui s'est formé dans l'inconscient invisible prend au travers des lignes dessinées l'apparence de l'artiste. Une fois de plus, le contraste entre ombre et lumière se reflète dans la combinaison en deux parties réversibles, estampillée tantôt noir sur blanc, tantôt blanc sur noir. Écriture et dessin retracent des espaces publics dans de nombreuses villes de divers continents et thématisent les influences sociales et culturelles de ces lieux sur le rôle de la femme. Des notes prises dans des carnets de voyage au cours de ses déambulations à travers les villes et les réflexions qui en résultent s'entremêlent avec des croquis de villes et de façades d'immeubles. « Rien ne se touche / personne ne se touche / personne ne me touche. » Écriture et dessin se lient pour former un flot d'impressions conscientes et visuelles, que l'on peut déchiffrer dans le détail, écouter dans le cadre d'une performance ou encore visualiser dans un chaos de lignes. Les fines lignes d'écriture des notes prises en passant ou comme expression d'émotions deviennent la deuxième peau de l'artiste.

Dessin, espace, corps
Un élément important des travaux graphiques utilisés par Katrin Ströbel est le support. Outre le papier, support traditionnel du dessin qui traverse en leitmotiv tout le travail de l'artiste, Katrin Ströbel utilise les matériaux les plus divers. À maintes reprises – et en particulier dans ses œuvres à contenu féministe et anticolonialiste –, elle élargit son champ plastique et spatial jusqu'à utiliser son propre corps (comme dans le cas de l'œuvre mentionnée plus haut *Making love to unknown cities*). L'impression spatiale créée par un miroir angulaire à la verticale dans le dessin *Reversion* de 2015/16 est particulièrement déconcertante.
Les spectatrices et spectateurs se trouvent face à la silhouette grandeur nature esquissée sur fond blanc d'une jeune femme indigène nue qui les regarde de face. Dans son regard, on lit la tristesse, la colère, l'assujettissement, ses mains sont croisées devant son pubis en signe de protection – le modèle du dessin provient d'un livre de l'époque coloniale. En la regardant, on se voit soi-même, on adopte sa silhouette et on se tient soudain entre le soi regardant et la personne regardée. Par un renversement surréel, le/la regardant.e fusionne avec le dessin qui l'entraîne dans un espace virtuel qui l'absorbe. Tout comme Katrin Ströbel, dans *Wandelnde Blätter (Gespenstschrecken) and other failed attempts of cultural appropriation* (2018), est avalée par ses propres lignes, qu'elle a dessinées aux murs avant de se faire photographier devant elles, enveloppée dans une tenue traditionnelle marocaine reproduisant le même réseau de lignes. Un bouclier africain en peau de zèbre lui a inspiré le travail sur les lignes ondulantes de cet animal sauvage hors du commun. En s'appropriant avec ironie la peau de cet animal, Katrin Ströbel crée un simulacre d'elle-même et de l'espace environnant qui ne sera bien sûr jamais parfait. Dans le contexte de l'idée d'« appropriation » culturelle, la peau de zèbre joue ici un rôle particulièrement subtil, car, dans la nature, son « camouflage » a plus tendance à se faire remarquer qu'à passer inaperçu. Une peau de zèbre produit des oscillations qui doivent avant tout protéger des piqûres vectrices de maladies contagieuses de la mouche tsé-tsé qui regarde, désemparée, cet environnement instable. Aujourd'hui, on recouvre même les chevaux domestiques de couvertures zébrées pour les protéger des piqûres de taons. Un mimétisme ? Honni soit qui mal y pense ! Katrin Ströbel ne déploie pas seulement son dessin dans l'espace, elle s'enroule dedans pour que l'œuvre, l'espace et l'artiste se fondent dans un vacillement de lignes et deviennent le symbole absurde de l'assimilation culturelle au sein de laquelle l'individu disparaît. L'assimilation – comme le dessin – avale ses propres enfants.

1 *Petra von Olschowski proudly presents: Suzie Wong meets Becky Thatcher. Sieben Räume von Dorothea Schulz und Katrin Ströbel*, catalogue d'exposition, Städtische Galerie Offenburg, Fribourg 2010, p. 58.
2 Katrin Ströbel, *Wortreiche Bilder. Zum Verhältnis von Text und Bild in der Zeitgenössischen Kunst*, Bielefeld 2013.

Dorit Schäfer

Variations on the Drawn
Notes on the Work of Katrin Ströbel

Katrin Ströbel's art is not l'art pour l'art. Her works are shaped by a sociocritical perspective of a world in which turbo-capitalism is on the rise and shows no regard for social justice. Among the multifaceted topics the artist has dedicated her work to are Eurocentrism, colonialism, racism, feminism, and migration. The techniques and genres in which she moves are as complex as the content of the works themselves. Installation, video, photography, performance—Katrin Ströbel is a virtuoso in many different fields of contemporary media. Her sojourns abroad in numerous countries on different continents have supplied her with an international network that has influenced her world experience and the questions she poses in her work. Thus, it's remarkable that such a globally active, versatile artist continues to regard the most intimate, most basic art genre—drawing—as the one that underpins her work and shapes it most profoundly. And despite every paradigm shift that the concept of drawing has undergone since the 1960s, it's the basic elements of this genre that are called for here: clusters of lines and paper. In 2010, Katrin Ströbel described drawing as an intimate act in which she had to be alone—especially when she was in the process of searching or trying things out.[1] At the same time, drawing—like writing—is flexible and can be used in a wide variety of ways, due to its mobility and range of media. Another element that plays a key role in her art is the word, both seen and read. Some of the works from 2015–2018 illustrate that an individually implemented technique—the medium of mark-making, the line, the image support—is itself an essential expressive conveyor of a work's respective content.

Finger Drawing, Archaic

Formally, Ströbel's calculated handling of drawing's basic expressive elements reflects the content; this becomes apparent in the work on paper titled *Gimme Shelter* from 2016: broad, transparent brushstrokes in gray fill the paper with the artist's rapid gestures, and against this background, Ströbel scrawled the words "Gimme Shelter" with a finger in wet paint—"Give me protection, give me a place to stay, give me a roof over my head!" The association that comes to mind is that of a refugee's cry for help, written in sand, dust, or onto a foggy pane of glass, appeals that can be erased with a light swipe—a message written with a finger into whatever's at hand due to the unavailability of other material. The aesthetic effect corresponds to drawing's most archaic and direct form: script, in this case printed on paper using the monotype method. The words emanating out from the painted paper background clearly illustrate their content: the way in which the letters are inscribed on the background and are also contained by it suggests a protective human environment. The relationship between line and surface corresponds to the spatial notion of a physical state which the work powerfully calls for in colloquial, transient, hectic English.

Ink, Light, and Shadow

In 2015, in a seemingly "classic" ink technique, Ströbel used permanent markers to draw cityscapes of Casablanca on paper, which she folded in a regular pattern. The grid of creases in *Casablanca décalé* (Shifted Casablanca) covers the images and lends the drawings signs of wear, recalling the way folded city maps appear when opened up. The view is from above, looking down at the architecture, and extends across two sheets of paper in the manner of a panorama. Among the spread of towering masses of concrete, humans disappear into a metropolis of their own making—in the areas drawn in black that define the picture. Dark shadows that seem to swallow the residents create an impression of a city bathed in glaring sunlight with apparently haphazard clusters of buildings. Black and white delineate a broad architectural expanse that burns itself onto the retina in a surreal impression, like an overexposed photographic negative. On the folding screen *Belsunce, Saint-Saëns* from 2017, this form of drawing is extended into the space. Here, the vertical sections of the screen correspond to the cubic towers of the Tours Labourdette, built in the early 1960s in Marseille's city center. Irregular ink shapes give the shaded apartments behind the stacked high-rise balconies a hint of caves, a monotonous uniformity in which people are expected to spend their lives in contentment and self-respect. Once the epitome of social housing and intended as an affordable and dignified form of coexistence for a large number of residents in a confined space, the high-contrast cropped ink drawing conveys an endless image of a dystopian experience of living machines, the excessive proliferation of which illustrates their humanitarian emptiness. The only person portrayed in this architectural anonymity appears vividly on the reverse side of the screen—in the form of a photograph printed on a dress draped over the screen. From here, through a curtain, a man skeptically gazes down at the street below. Both cunning and ironic, the printed garment points to the original function of the folded screen: to partition a room to offer privacy while changing clothes.

Line, Writing, Sketch

The kinship between drawing and writing is essential to Katrin Ströbel's art; she has investigated it scientifically.[2] Visual and verbal sign systems figure in many of her works. In this vein, *Making love to unknown cities* from 2018 is an outstanding intermedia work; in it, Katrin Ströbel has digitally transferred a conceptual sketch containing words written with a sharp pencil onto fabric and expanded it into a reading performance. Drawing and thinking become clothing; what has arisen in the invisible unconscious is transformed into the artist's external appearance via the visible line. The work is once again characterized by a contrast between black and white, which is reflected both in the two-piece reversible-wear overalls and in the various printed images in black on white and white on black. Writing and image address various public spaces in numerous cities on different continents as well as their social and cultural influences on the role of women. Diary-like notes, personal experiences with travel and space, and the resulting observations overlap with sketched city views and building facades: "Nothing touches itself / nobody touches themselves / nobody touches me." Writing and drawing merge to form a visual stream of consciousness that can be deciphered in detail as well as heard in a performance or seen in all its linear chaos. In the work, the fine line in a written system, as a memory sketch or as a means of emotional expression, becomes the artist's second skin.

Drawing, Space, Body

An important element in Katrin Ströbel's drawings are the image supports. In addition to the paper typical for traditional drawing, which continues to carry through the artist's work as a leitmotif, she uses a wide variety of materials. Again and again—and especially in the works with feminist and anti-colonialist content—she expands the drawing plastically and spatially, sometimes (as in the above-mentioned work *Making love to unknown cities*) with her own body. The confusing spatial impression in the drawing on a folding mirror titled *Reversion* (2015/16) is particularly remarkable. Viewers are confronted with the life-sized figure of a young nude indigenous woman, drawn in delicate contours on a white background and looking them straight in the eye. Her gaze is serious and expresses sadness, anger, and subjugation; her hands cover her genitals—the motif was taken from a book from the colonial era. Gazing at her, one sees oneself in her figure, takes on her form, and suddenly finds oneself situated between the viewing self and the person being observed. In a surreal reversal, viewers merge with the drawing, which pulls them into a virtual space and devours them in its image. This is very similar to how the artist is swallowed up by her own lines, which she drew on the walls for *Wandelnde Blätter (Gespenstschrecken) and other failed attempts of cultural appropriation* (2018) and had her picture taken in front of, wrapped in a traditional Moroccan robe with the same interweaving line pattern. An African shield of zebra skin inspired the work; nature created the lines on this extraordinary wild animal. In an ironic appropriation of its fur, Katrin Ströbel creates a mimesis of the self and its drawn surroundings, which of course will never be completely successful. And in the thematic context of cultural "appropriation," the extraordinary zebra skin also plays a particularly subtle role, since its "camouflage" in nature constitutes a visual conspicuousness far more than an optical cover-up. Indeed, the oscillating effect of the stripes is primarily intended to protect the animal against the disease-transmitting stings of the tsetse fly, which are visually irritated by the pattern. Today, even domestic horses are protected from horse flies with zebra-patterned blankets. Shame be to him who thinks evil of mimicry? In any case, Katrin Ströbel not only extends her drawing into space, but immerses herself in it in such a way that work, space, and artist merge in a shimmering apparition of lines, an absurd symbol of cultural assimilation in which the individual disappears. Assimilation—and drawing—devours its own children.

1 *Petra von Olschowski proudly presents: Suzie Wong meets Becky Thatcher. Sieben Räume von Dorothea Schulz und Katrin Ströbel,* exh. cat., Städtische Galerie Offenburg, Freiburg 2010, p. 58.
2 Katrin Ströbel, *Wortreiche Bilder. Zum Verhältnis von Text und Bild in der zeitgenössischen Kunst,* Bielefeld 2013.

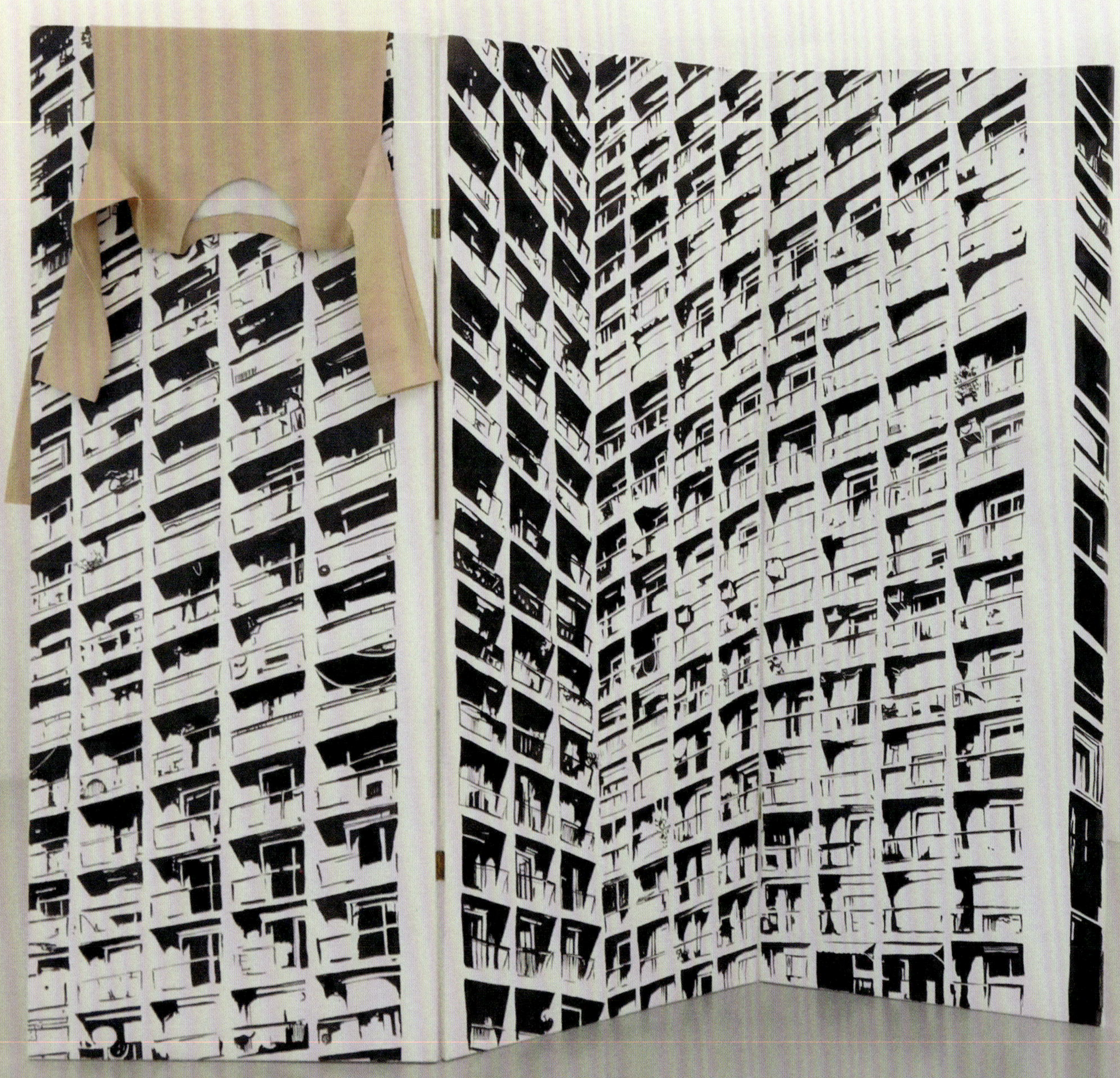

Belsunce, Saint-Saëns, 2017
Folding screen (ink on canvas), dress
175 × 210 cm

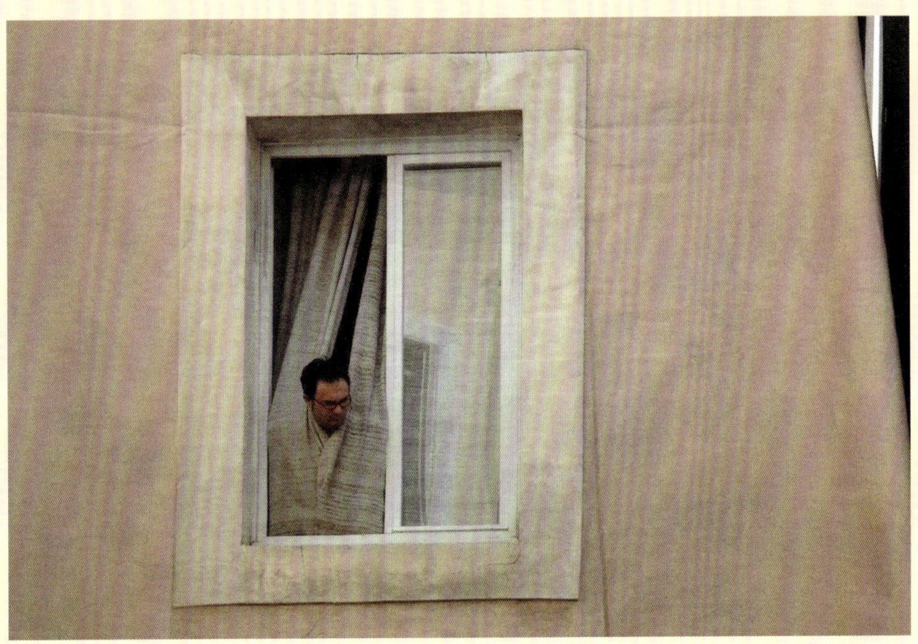

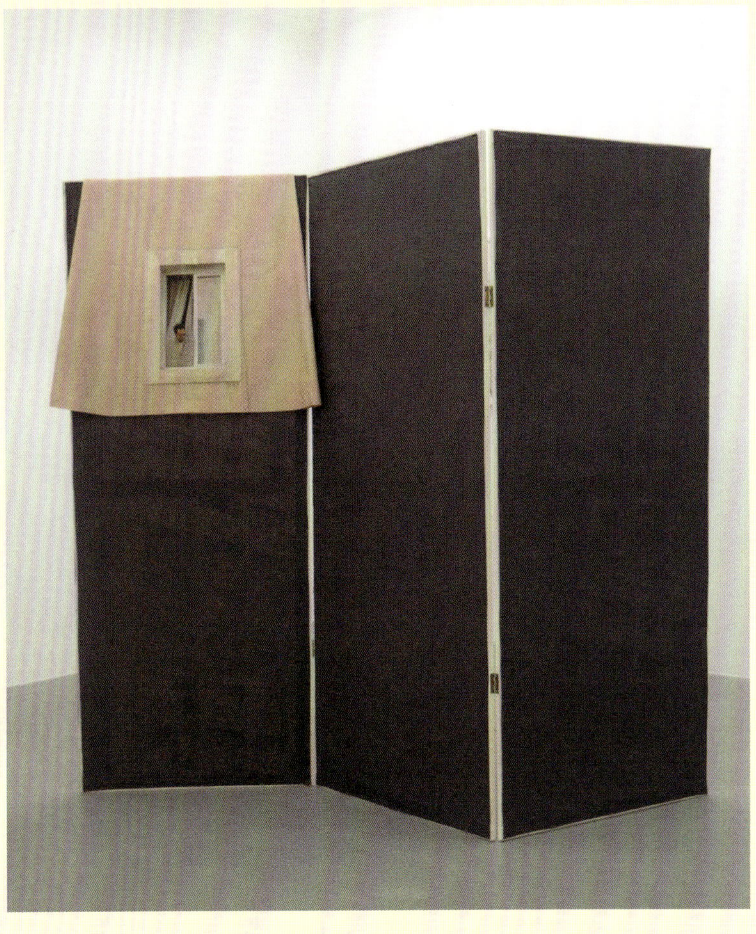

Belsunce, Saint-Saëns, 2017
Detail, dress (digital print on cotton)

Belsunce, Saint-Saëns, 2017
Backside

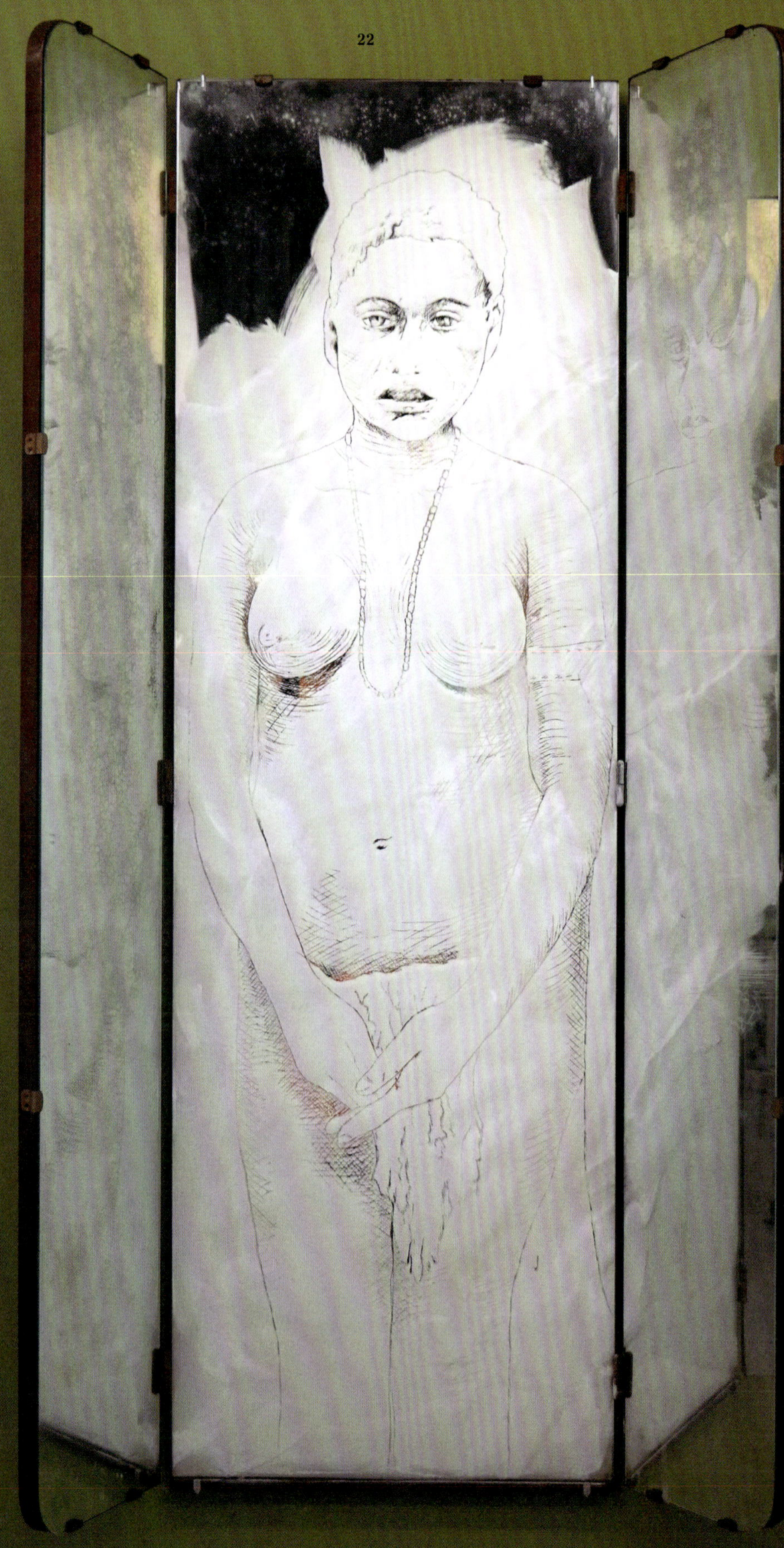

Reversion, 2015/2016
Drawing on mirror
142 × 92 × 14 cm

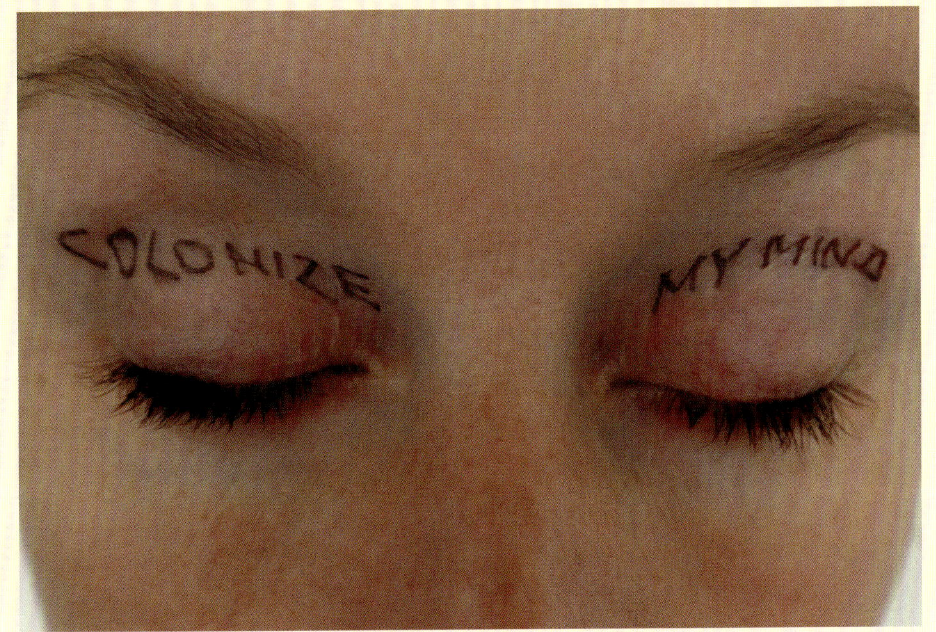

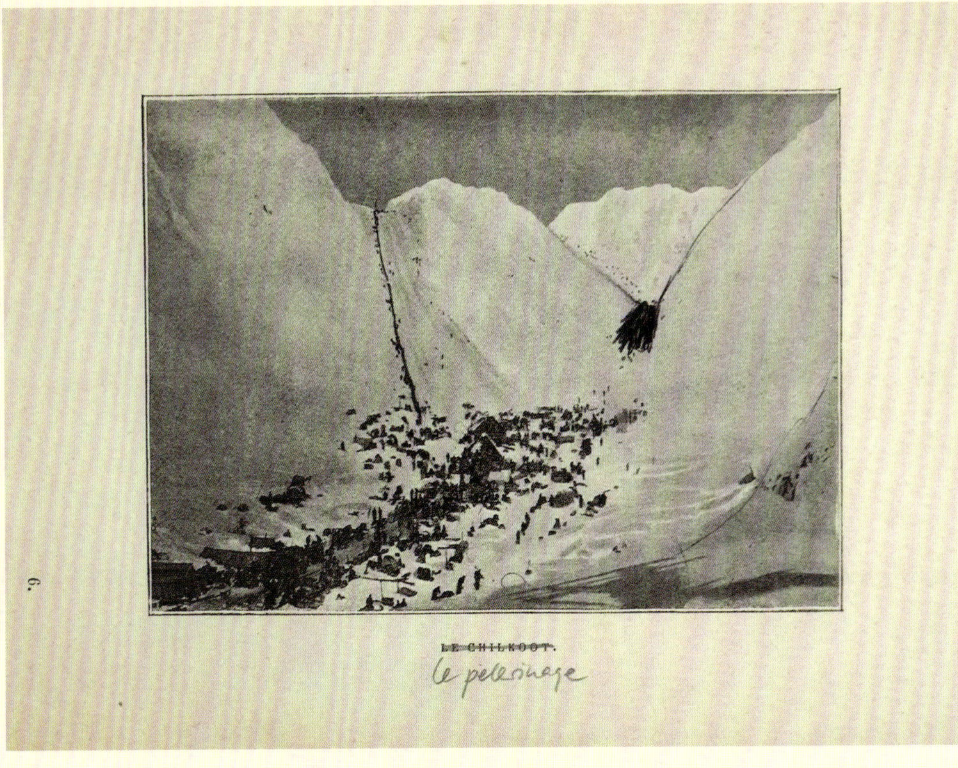

Colonize my mind, 2016
Photograph
35 × 50 cm

Pèlerinage, 2017
Drawing
12 × 18 cm

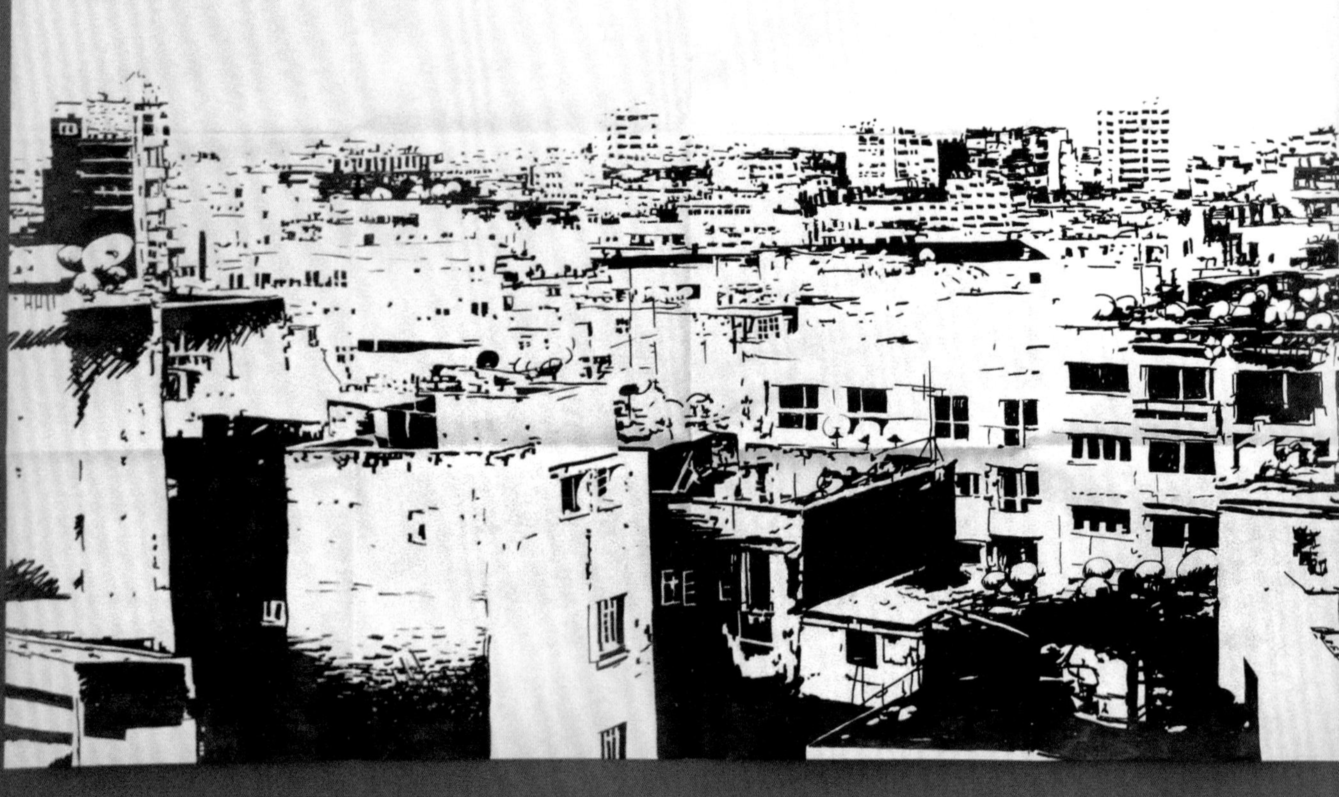

Casablanca decalé (Washington), 2015
Diptych, permanent marker on blueback paper
each 133 × 150 cm

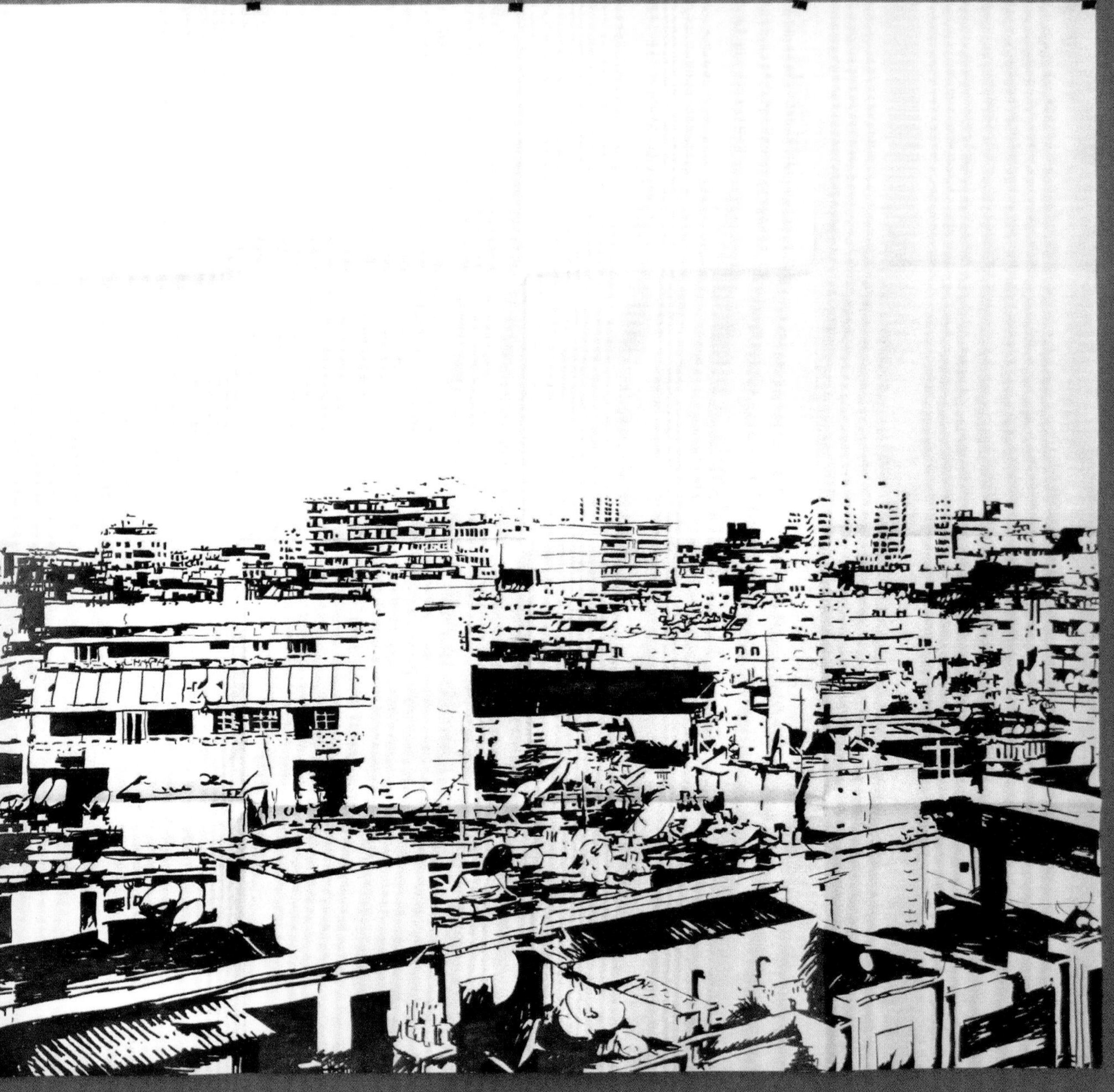

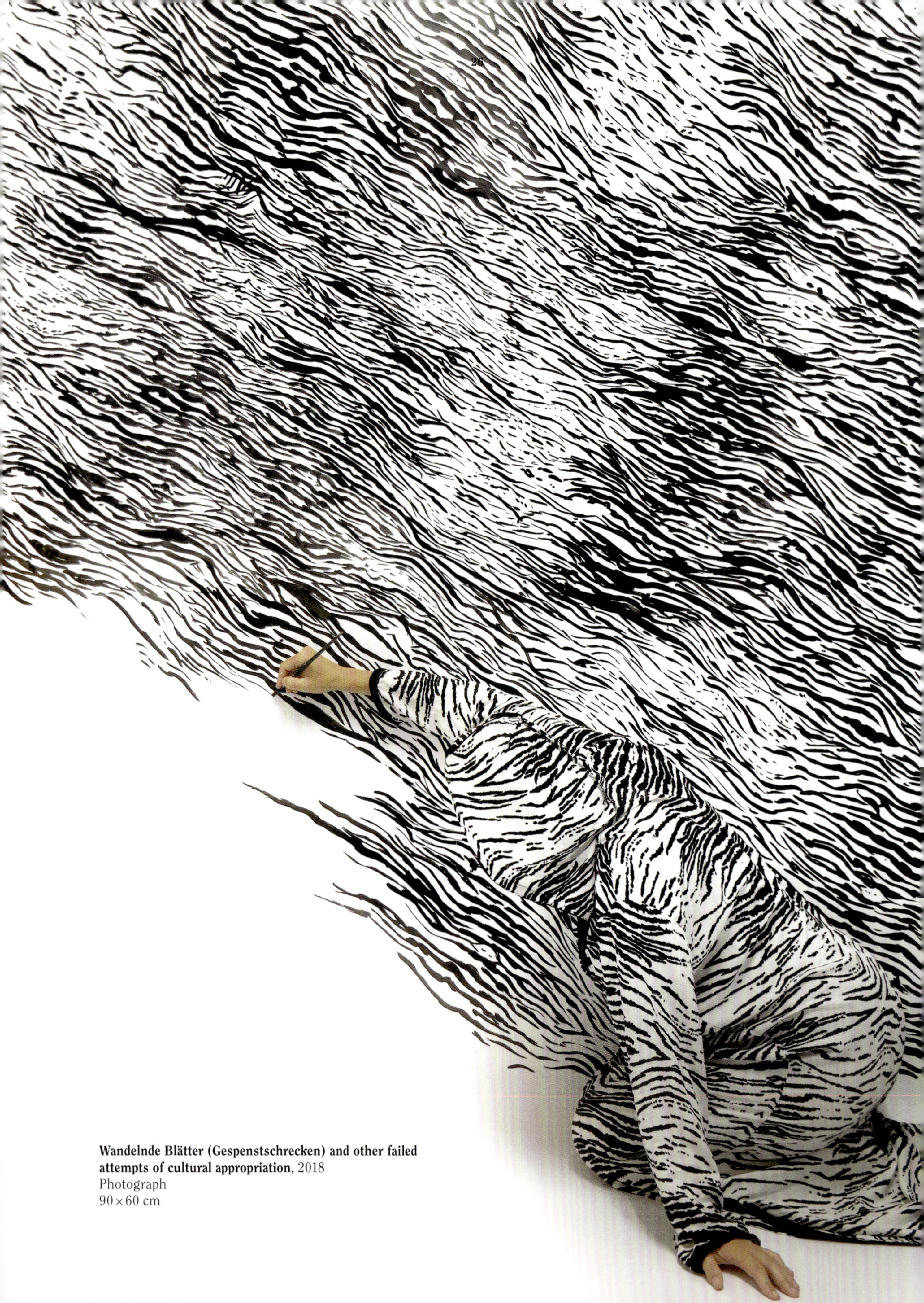

Wandelnde Blätter (Gespenstschrecken) and other failed attempts of cultural appropriation, 2018
Photograph
90 × 60 cm

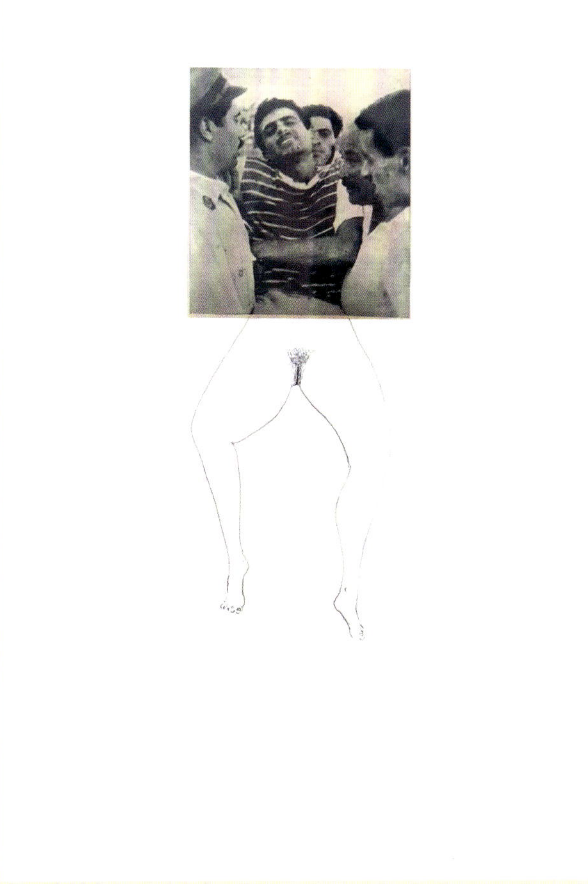

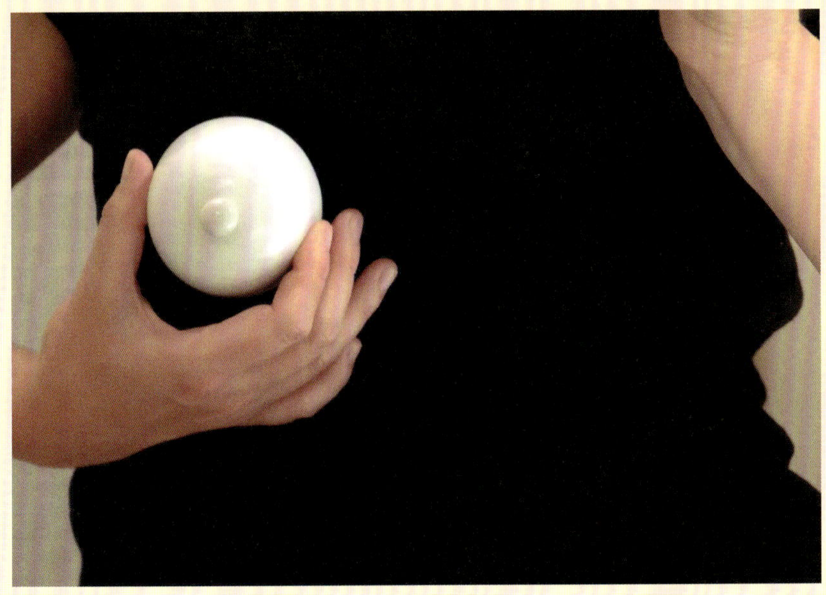

Agathe, 2018
Photograph
50 × 70 cm

Little death, 2018
Drawing, collage
65 × 50 cm

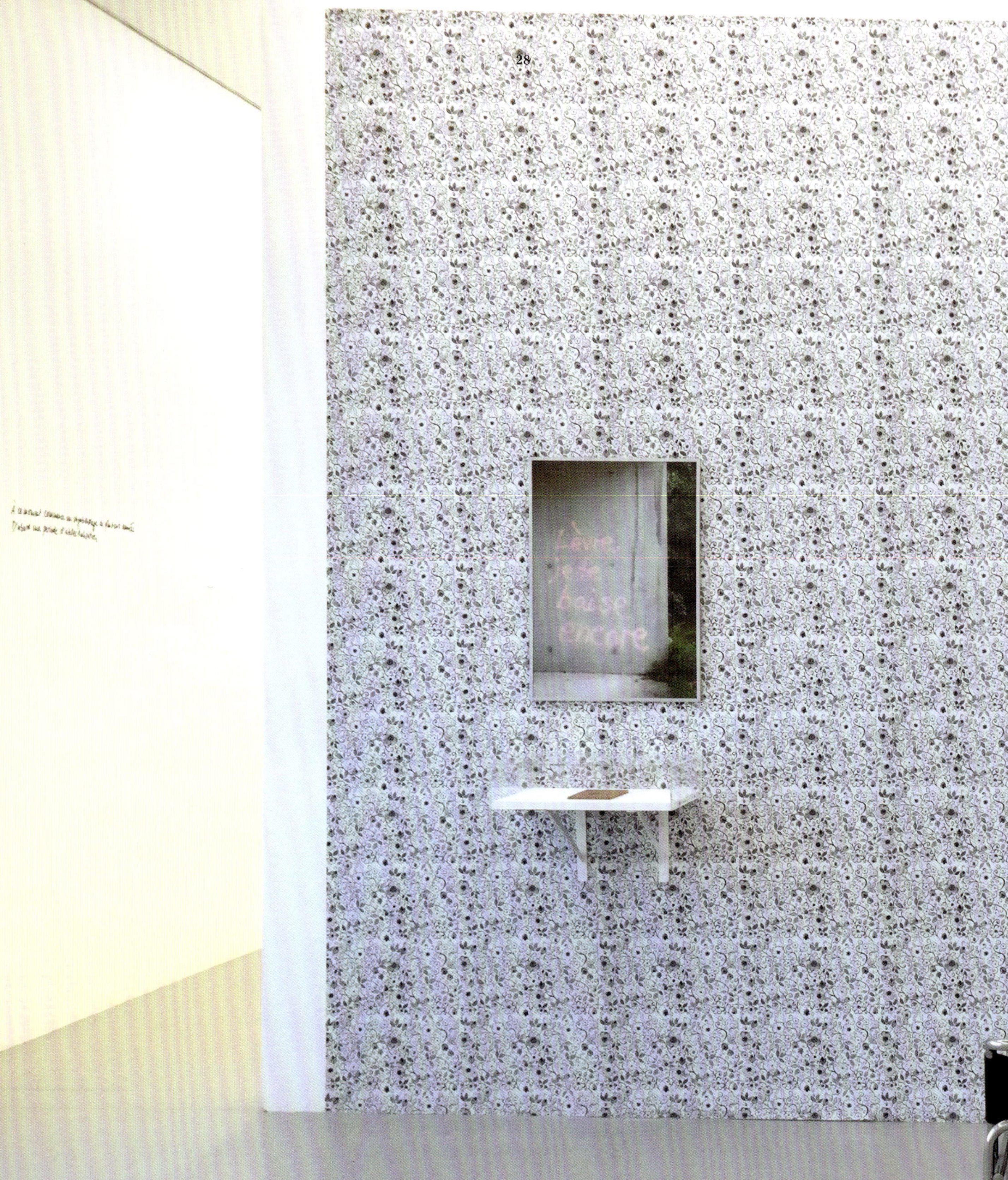

All welcome all mercy, 2018
Wall installation by Katrin Ströbel, including works from the collection (Aurelie Nemours, Marcel Breuer, Dadamaino, cf. p. 78)
Espace de l'Art Concret, Centre d'art contemporain, Mouans Sartoux

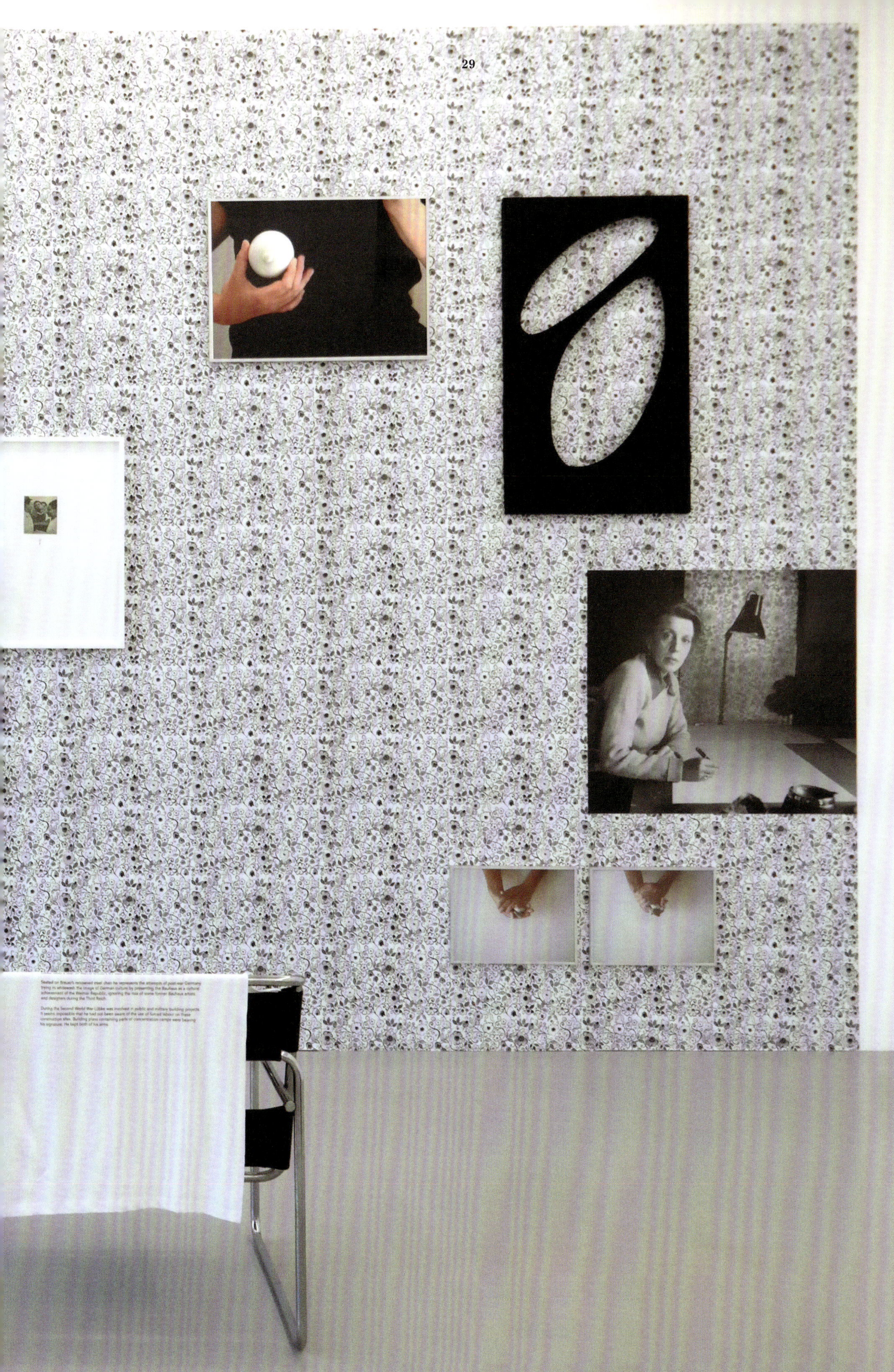

Interview mit Sophie Orlando und Katrin Ströbel
Eine Tapete, Blumen im Überfluss, zwei Seifen, Saras Tisch und ein afrikanischer Schild

SO: Ich würde mit dir gern über die Installation *Dadamaino's secret garden* sprechen, die ich erstmals im Winter 2018 in deiner Ausstellung *All welcome all mercy* im Espace de l'Art Concret gesehen habe: Auf eine Blumentapete aus einem Porträt der italienischen Künstlerin Dadamaino, die auch Mitglied der Gruppe ZERO war, hast du sowohl Werke aus der Sammlung Albers-Honegger sowie eigene Arbeiten gehängt. Von Anfang an berührte mich daran vor allem die komplexe Beziehung, die du zwischen der künstlerischen Produktion Dadamainos, ihrem Porträt und den darin unausgesprochenen Formen von Intimität hergestellt hast. Du weist auf das paradoxe Verhältnis hin, dass Dadamaino, obwohl sie in der an Entbehrungen und Sorgen reichen Nachkriegszeit arbeitete, sich immer wieder von Affekt und Subjektivität in ihren formalen Entscheidungen distanzierte. Wieso interessierte dich dieser Dialog und wie bist du zu diesen Interventionen gelangt?

KS: Ich interessiere mich seit einer Weile für die Arbeitsbedingungen in der Kunst, insbesondere bei Künstlerinnen. Sie arbeiten nämlich selten in einem Atelier, wie man es sich vorstellt: als einen neutralen Ort, abgeschottet vom täglichen Leben. Vor diesem Hintergrund frage ich mich, wie man das Werk als autonom betrachten kann: Welche Auswirkung hat der Ort der künstlerischen Produktion, also das Atelier, aber auch viele andere Parameter wie der kulturelle und soziale Kontext, der Körper, die Sexualität, die Erschöpfung – all diese Elemente, die man gemeinhin außer Betracht lässt, wenn man ein Werk diskutiert?
Das gilt übrigens ebenso für den Präsentationsort. Man macht uns glauben, der *white cube* sei neutral, obwohl er doch so vieles vorgibt und bisweilen wirklich entscheidend eingreift. Diese Objektivität gibt es nicht, weder in der Produktion noch in der Präsentation.
Als mir das Foto von Dadamaino, wie sie da in ihrem Atelier steht, zum ersten Mal begegnete, war ich wirklich sprachlos. Ihre Leinwände mit den Cut-Outs und ihre Millimeterzeichnungen waren mir wohlvertraut, aber ich hätte nie gedacht, dass sie in einem „geblümten" Raum arbeiten würde, der intim und wahrscheinlich bei ihr zu Hause ist.

SO: Durch ein Spiel der Distanzierung und Fokussierung nimmt *Dadamaino's secret garden* das serielle Motiv der Tapete aus dem Atelier auf: Es individualisiert das fotografische Porträt, um es anschließend wieder zu serialisieren. Mit einer kuratorischen Geste hängst du nun einige Werke auf diese Tapete, unter anderem *Volume* (1958), ein Gemälde von Dadamaino, sowie ihr Porträt, aber auch deine eigenen Fotografien und Collagen, die eine sinnliche, erotische und körperliche Dimension enthalten – etwa *La vie sexuelle des savons* (2018). Wie bist du bei dieser Arbeit vorgegangen und welche Entscheidungen haben dich zu dieser Kombination geführt?

KS: Für diese Arbeit ist ganz wesentlich, dass am Anfang eine Zeichnung stand. Das war wichtig, weil ich mir dadurch diesen anderen Raum körperlich aneignen, ihn mir buchstäblich mit meinen Händen, meinem eigenen Körper zu eigen machen konnte. Durch die „ineffiziente" Arbeit an der Tuschezeichnung habe ich bereits eine gewisse Zeit mit dem Raum verbracht, mit seinem Dekor und der sie bewohnenden Person. Und diese Person ist ja gerade für ihre Zeichnungen berühmt, die enorm viel Zeit in Anspruch nehmen. Dass du von Distanzierung sprichst, erscheint mir daher wirklich interessant, denn für mich stellt die zeichnerische Geste tatsächlich eine Distanz zwischen dem Ausstellungsraum und dem Atelier Dadamainos her. Aber zugleich auch das genaue Gegenteil, denn ich eigne mir ihren Raum ja an, ich lege unsere beiden Arbeitsräume, unsere Gesten und Körper übereinander. Diese sinnliche oder körperliche Beziehung, die du erwähntest, gab es also schon, bevor die anderen Werke dazukamen. Durch die Zeichnung konnte ich Dadamainos Leinwände mit den Cut-Outs neu denken, weil ich auf anderen Fotos gesehen hatte, dass sie sie in ihrem Atelier vor dieser geblümten Tapete aufgehängt hatte und nicht etwa an einer weißen Wand. Wobei das nur ein Gedankenspiel ist, denn ich weiß, dass sie sie für eine weiße Wand konzipiert hat. Aber trotzdem, ich habe mir erlaubt, dieses Spiel weiterzutreiben und wollte gern andere Lesarten vorschlagen: Was, wenn diese Werke nicht bloß abstrakte Formen wären? Wenn es sich eher um ein Fragment, einen Körper oder sogar zwei Körper handelte? Ich habe daher andere Werke ausgewählt, denen ebenfalls eine gewisse Mehrdeutigkeit eingeschrieben ist. Gegenstände, die Körper werden, queere Körper: Jeder Teil trägt diese Mehrdeutigkeit schon in sich, aber zusammengenommen bilden sie eine erotische oder explizit sexuelle Erzählung. Das hat mir gut gefallen.

SO: Du integrierst in deine Praxis oft Textelemente oder auch eigene Lektüren. In den letzten zwei Jahren sind wir häufig auf Annie Ernaux und Donna Haraway zu sprechen gekommen. Hast du aktuelle Lektüren in den Arbeitsprozess von *Dadamaino's secret garden* eingebracht? Wie schlägt sich diese Literatur aus der zweiten oder dritten Welle des Feminismus in deinem Denken und deinen Gesten nieder?

KS: Ich habe mich immer schon sowohl für visuelle als auch für die menschliche Sprache interessiert. Während meines Kunststudiums habe ich nebenher Literatur studiert und anschließend noch eine Doktorarbeit über die Beziehung von Text und Bild in der zeitgenössischen Kunst geschrieben. Das schlägt sich sicherlich in meiner Arbeit nieder. Aber auch die Erfahrung, die allermeiste Zeit nicht in meiner Muttersprache zu sprechen, spielt eine wichtige Rolle: was alles verloren geht, die Sinnverschiebungen, das Stottern … Vielleicht liegt darin einer der Gründe, warum ich Sprache in erster Linie als Material – geradezu körperlich, wie ein Stück Ton – begreife. Das verläuft über eine sinnliche Ebene und ist eine andere Art, Bilder zu produzieren. Die Autorinnen, die du nanntest, sind daher tatsächlich wichtig für mich: Donna Haraway wegen ihrer Art, so vergnügt mit all den Theoriefelder zu jonglieren, die sich sonst nicht berühren, Hierarchien des akademischen und patriarchalen Denkens zu dekonstruieren; Annie Ernaux wegen der Präzision ihrer Bilder und für ihren respektvollen Blick auf marginalisierte Menschen und Klassenüberläufer … ja, natürlich. Aber beim *Machen* selbst habe ich sie nicht im Sinn. Oder nicht als Referenz, sondern als *Material*. Ich weiß nicht, ob das verständlich ist? Seit einiger Zeit interessiere ich mich in meiner Arbeit beispielsweise sehr für Tische – der Tisch und seine Beziehung zum (weiblichen) Körper, der Tisch als Objekt und als Ort der Arbeit, der Präsentation, der Werkstatt, der Begegnung. Und in einem bestimmten Moment kam mir der Tisch von Sara Ahmed in den Sinn: Erinnerst du dich, wie sie die Position von Husserls Tisch und seine Distanz (oder Diskonnexion) zum sozialen und familiären Leben ringsum beschreibt? Und wie sie „ihren Tisch" in der Küche platziert, mitten in den Lebensalltag? Das ist am Anfang von *Queer Phenomenology*, glaube ich. Sara Ahmeds Tisch kann ich mir also im Atelier von Dadamaino gut vorstellen!

SO: Ja, Sara Ahmed denkt über den Schreibtisch nach, den Husserl in den *Ideen zu einer reinen Phänomenologie und phänomenologische Philosophie* (1913) als Beispiel anführt. Er stellt eine Phänomenologie dessen auf, was „erscheint", und wird sich dessen gewahr, was sich, von hinter seinem Schreibtisch aus betrachtet, im Zimmer vor ihm / hinter ihm befindet. In der Tat ist es die Intimität und der Komfort seiner Kleinfamilie, mit einer Frau in der Küche und den spielenden Kindern, von der aus er die Welt, aber auch die anderen Werke, die Worte auf dem Blatt Papier, wahrnimmt.
Er ist also *orientiert*, sagt Ahmed dazu. Sie fragt sich, inwiefern die Philosophie von der Fähigkeit zu schreiben und die Welt vom Schreibtisch aus zu betrachten abhängt, während die Hausarbeit von jemand anderem erledigt wird. Sie zitiert beispielsweise die Autorin Adrienne Rich, die das Schreiben unterbrechen musste, sobald ihre Kinder Aufmerksamkeit forderten.[1] Betrachtet man diese Orientierung, die einerseits zu den Objekten hinführt und andererseits von ihnen herkommt, als wegbereitend für Formen, so würde ich gern besser verstehen, wie du deine Arbeitsmaterialien mit den Objekten und Gesten zusammenführst. Wie wählst du deine Materialien aus, mit denen du arbeitest? Wie kommst du von dieser Auswahl der Objekte zur Auswahl der Formen?

KS: Nun, das ist ziemlich einfach: Es handelt sich um eine Art Ping-Pong zwischen einem eher konzeptuellen Denken und einer eher spontanen, intuitiven, die Sinne einbeziehenden Beziehung, die ich zu den mich umgebenden Bildern, Materialien und Formen habe. Sehr häufig ist eine Überlegung oder ein Gedanke der Ausgangspunkt, der sich anschließend seine Formen sucht. Aber bisweilen ist es auch ein Objekt, das einen bestimmten Prozess geradezu aufdrängt, wie der afrikanische Schild aus *Wandelnde Blätter (Gespenstheuschrecken) and other failed attempts of cultural appropriation*. Oder das Stück Collage aus *Little death*, dessen Herkunft ich nicht kenne. Mir ging es von Anfang an um eine Antwort auf die zwischen Schmerz, Triumph, Vergnügen und Erschöpfung changierenden Gefühle, die dieses Bild in mir auslöst. Daher habe ich beschlossen, dieses Bild noch verwundbarer, noch verletzlicher zu machen, indem ich ihm mit einem sehr fein, sehr zart gezeichneten Frauenkörper begegne. Und häufig umgeben mich bestimmte Bilder, Materialien oder Objekte schon geraume Zeit, sie sind klug, klüger als ich, und sehr geduldig! Sie warten auf den richtigen Augenblick und plötzlich sind sie die Antwort auf eine visuelle oder formale Frage, bei der ich zunächst gar nicht an sie gedacht hatte. Wie bei der Wand in *Dadamaino's secret garden*, wo die beiden Seifen plötzlich nicht nur formal eine Verbindung mit den Cut-Outs Dadamainos herstellen, sondern auch eine Erotisierung der Formen des Ensembles oder einen „erotischen Formalismus" ermöglichen, der sich beispielsweise auch in *Agathe* wiederfindet. Dieser Porzellandeckel lag so lange bei mir im Atelier herum, ich hatte ihn tausend Mal in der Hand … und eines Tages finden das Objekt, die Geste und der Gedanke zusammen – und der Kreis schließt sich.

1 Vgl. Adrienne Rich, *Of Woman Born* [1976], London 1991, zit. nach Sara Ahmed, *Queer Phenomenology*, Durham/London 2006, S. 32.

Entretien entre Sophie Orlando et Katrin Ströbel
Un papier peint, des fleurs à profusion, deux savons, la table de Sara et le bouclier africain

SO: J'aimerais beaucoup discuter avec toi de l'installation *Dadamaino's secret garden*, que j'ai découverte à l'occasion de ton exposition *All welcome all mercy* présentée à l'Espace de l'Art Concret en hiver 2018. L'installation se compose d'un papier peint fleuri issu du portrait de Dadamaino, artiste italienne associée au Groupe ZERO ; tu y as accroché des œuvres de la collection Albers-Honegger ainsi que tes propres travaux. L'élément qui m'a touchée d'emblée dans cette installation est la relation complexe que tu établis entre la production artistique de Dadamaino, son portrait et des formes d'intimité sous-jacentes. En effet, tu pointes un paradoxe : travaillant pourtant dans l'après-guerre, une époque où tourments et angoisses étaient à vif, Dadamaino n'a cessé d'écarter l'affect et la subjectivité de ses choix formels. Pourquoi t'es-tu intéressée à ce dialogue et comment en es-tu venue à ces interventions ?

KS: Je m'intéresse depuis un bon moment aux conditions de travail des artistes et particulièrement des artistes femmes. Elle travaillent rarement dans un atelier tel qu'on se l'imagine : un endroit neutre, isolé de la vie quotidienne. Sachant cela, je me demande comment on peut penser l'œuvre comme pièce autonome : quel est l'impact du lieu de production, c'est-à-dire l'atelier, mais aussi de beaucoup d'autres paramètres comme le contexte culturel et social, le corps, la sexualité, l'épuisement – de tous ces éléments qui sont souvent mis de côté lorsqu'on parle d'une œuvre. D'ailleurs, c'est pareil pour le lieu de présentation. On voudrait nous faire croire que le *white cube* est neutre, alors qu'il impose plein de choses, d'une manière assez violente parfois. Cette objectivité-là n'existe pas : ni dans la production, ni dans la présentation. Quand j'ai découvert la photo de Dadamaino dans son atelier, entourée d'un papier peint fleuri, ça m'a vraiment frappée. Je connaissais ses toiles découpées et ses dessins millimétrés depuis longtemps, mais je n'avais jamais imaginé qu'elle travaillait dans un espace « fleuri », intime et probablement domestique.

SO: Par un jeu de mise à distance puis de focalisation, *Dadamaino's secret garden* reprend le motif sériel du papier peint de son atelier ; il s'agit de singulariser le portrait photographique pour le re-sérialiser. Ensuite, dans un geste curatorial, tu accroches sur le papier peint un ensemble d'œuvres, dont *Volume* de Dadamaino (1958), son portrait, mais aussi tes propres photographies et collages, qui déploient une dimension sensuelle, érotique et corporelle, comme *La vie sexuelle des savons* (2018). Quels ont été les procédés de travail et les décisions qui t'ont amenée à cet assemblage ?

KS: Ce qui est primordial pour ce travail, c'est qu'il s'agit initialement d'un dessin. C'était vraiment important, car cela m'a permis de m'approprier physiquement cet espace autre, de me l'approprier littéralement à travers mes propres mains, mon propre corps. Ce travail « inefficace » d'un dessin à l'encre m'a permis de passer un certain temps avec l'espace, son décor et la personne qui l'occupe. Une personne connue pour des dessins dont la réalisation prend aussi énormément de temps. Que tu parles d'une mise à distance me semble donc vraiment intéressant, car pour moi, ce geste de dessiner instaure effectivement une distance entre l'espace de l'exposition et l'atelier de Dadamaino. Mais c'est aussi carrément l'opposé, car je m'approprie son espace, je superpose nos deux lieux de travail, nos gestes et nos corps.
Ce rapport sensuel ou corporel dont tu parles était donc là avant même de placer les autres œuvres dessus. C'est le dessin qui m'a permis de repenser les toiles découpées de Dadamaino, car j'ai vu sur d'autres photos que, dans son atelier, elle les avait accrochées sur ce papier peint fleuri et non pas sur un mur blanc. C'est juste un jeu d'idées, car je sais bien qu'elle les a conçues pour des murs blancs. Néanmoins, je me suis permise de poursuivre ce jeu et j'ai eu envie de proposer d'autres lectures : et si ces œuvres n'étaient pas des formes purement abstraites ? S'il s'agissait plutôt d'un fragment, d'un corps, ou de deux corps ? J'ai donc choisi d'autres pièces révélant aussi une certaine ambiguïté. Des objets qui deviennent corps, des corps queers, chaque pièce en soi porte déjà cette ambiguïté en elle, mais dans l'ensemble, ces pièces créent une narration érotique ou explicitement sexuelle. Ça m'a bien plu.

SO: Dans ta pratique, tu intègres souvent des éléments textuels ou encore des lectures. Au cours des deux dernières années, nous avons souvent évoqué ensemble Annie Ernaux et Donna Haraway. T'es-tu servie de lectures en cours dans la progression du travail sur *Dadamaino's secret garden* ? Comment cette littérature empreinte des 2e et 3e vagues du féminisme habite-t-elle ta pensée et tes gestes ?

KS: Je me suis toujours intéressée aux langages visuels et verbaux. Pendant mes études aux beaux-arts, j'ai mené des études de littérature en parallèle, puis j'ai enchaîné avec une thèse de doctorat sur la relation entre texte et image dans l'art contemporain. Ça se reflète certainement dans mon travail. Mais l'expérience de s'exprimer la plupart du temps dans une autre langue que ma langue maternelle joue aussi un rôle important : toutes les pertes, les décalages de sens, les bégaiements… C'est peut-être l'une des raisons pour lesquelles je comprends le langage d'abord en tant que matière, vraiment physique, comme un bout d'argile. C'est sensuel, et c'est une autre façon de créer des images. Donc, effectivement, les autrices que tu mentionnes sont importantes pour moi : Donna Haraway pour sa façon de jongler joyeusement avec tous les champs théoriques qui ne se mêlent pas d'habitude et de déconstruire les hiérarchies de la pensée académique et patriarcale, Annie Ernaux pour la précision de ses images et pour son regard digne sur les personnes marginalisées et les transfuges de classe... oui, bien sûr. Mais je ne pense pas à elles quand je suis en train de faire. Ou pas comme référence, plutôt comme *matériel*. Je ne sais pas si c'est très clair ? Depuis quelques temps, dans mon travail, je m'intéresse beaucoup aux tables, par exemple – la table et son rapport au corps (féminin), la table comme objet et lieu de travail, de présentation, d'atelier, de rencontre. Et à un moment donné, c'est la table de Sara Ahmed qui me venait en tête, te souviens-tu de sa manière de décrire la position de la table de Husserl et sa distance (ou dis-connexion) de la vie sociale et familiale autour de lui ? Et comment elle place « sa table » à la cuisine, au cœur de la vie quotidienne ? Je crois que c'est au début de *Queer phenomenology*. Du coup, la table de Sara Ahmed, je la vois bien dans l'atelier de Dadamaino !

SO: Oui, Sara Ahmed reprend la table d'écriture discutée par Husserl dans *Idées directrices pour une phénoménologie* (1913). Celui-ci construit une phénoménologie de ce qui « apparaît ». Il perçoit ce qui est dans la pièce depuis ce lieu derrière sa table d'écriture dans sa maison familiale, de face et de dos. De fait, c'est depuis l'intimité et le confort de sa petite famille, avec une femme dans la cuisine et des enfants qui jouent, qu'il perçoit le monde, mais aussi les autres ouvrages, les mots sur sa page. Il est donc *orienté*, nous dit Ahmed. Elle se demande à quel point la philosophie dépend de la capacité à écrire et regarder le monde depuis son bureau, tandis que le travail domestique est réalisé par quelqu'un d'autre. Elle cite par exemple l'autrice Adrienne Rich, qui se disait soustraite à une activité d'écriture dès que ses enfants arrêtaient leur propres activités pour venir la voir[1]. Maintenant, si l'on pense cette orientation vers des objets et à partir d'eux comme une orientation initiatrice de formes, j'aimerais mieux comprendre la manière dont tu mets en relation tes matériaux de travail avec des objets et des gestes. Comment choisis-tu tes matériaux de travail ? Comment te déplaces-tu de ces choix d'objets vers des choix de formes ?

KS: Alors, c'est assez simple, il s'agit d'un jeu de ping-pong entre une pensée plutôt conceptuelle et un rapport plus spontané, plus intuitif, plus sensuel que j'entretiens entre les images, les matériaux et les formes qui m'entourent. Très souvent, une réflexion, une pensée constitue le point de départ qui se cherche ensuite des formes. Mais parfois, c'est aussi un objet qui va presque jusqu'à imposer un certain processus, comme le bouclier africain de *Wandelnde Blätter (Gespenstheuschrecken) and other failed attempts of cultural appropriation*. Ou le morceau de collage de *Little death*, dont je ne connais pas la provenance. Je savais dès le début que je voulais répondre aux émotions ambiguës que porte cette image pour moi, des émotions qui se situent entre douleur, victoire, plaisir, épuisement… et j'ai donc décidé de rendre cette image encore plus vulnérable, plus fragile en répondant par le dessin d'un corps féminin tracé avec un trait très fin, très doux.
Et puis, souvent, certaines images, certains matériaux ou objets sont autour de moi depuis quelque temps déjà, ils sont sages, plus sages que moi, et très patients aussi ! Ils attendent le bon moment et tout à coup, ils sont la réponse à une question visuelle ou formelle que je me suis posée sans avoir pensé à eux. Comme pour le mur *Dadamaino's secret garden*, ou, soudain, les deux savons ne reprennent pas seulement le lien formel avec les formes découpées de la toile de Dadamaino, mais me permettent aussi une érotisation des formes de l'ensemble ou un « formalisme érotique » qui se retrouve aussi, ensuite, dans *Agathe*. Ce couvercle en porcelaine traînait chez moi à l'atelier depuis longtemps, je l'ai eu mille fois entre les mains... puis, un jour, l'objet, le geste et la pensée se trouvent, et ainsi, la boucle se ferme.

1 Cf. Adrienne Rich, *Of Woman Born* [1976], London 1991, cité par Sara Ahmed, *Queer Phenomenology*, Durham/London 2006, p. 32.

A conversation between Sophie Orlando and Katrin Ströbel

A Wall Paper, Many Flowers, Two Soaps, Sara's Table and the African Shield

SO: I would very much like to discuss the installation *Dadamaino's secret garden* with you. I discovered it at the Espace de l'Art Concret in the context of your exhibition *All mercy all welcome* in the winter of 2018. The installation is composed of a flower-pattern wallpaper which comes from a portrait of Dadamaino, over which you hung works from the Albers-Honegger collection as well as some of your own works. What immediately moved me in this installation is the complex relation that you establish between the artistic production of this Italian female artist associated with the Group ZERO and her portrait and underlying forms of intimacy. You point out a paradox: Dadamaino constantly tried to remove affect and subjectivity from her formal choices, although she was working in a post-war context rife with raw torment and anguish. How did you become interested in this dialogue, and how did you develop the ideas for these interventions?

KS: I've been interested for quite a while in the working conditions of artists, and particularly of women artists. They rarely work in a studio as we imagine it: a neutral place, isolated from daily life. With this background, I wonder how one can envisage the work of art as an autonomous piece: what impact does the place of production have, in other words the studio, but also what is the impact of other parameters such as the cultural and social context, the body, sexuality, exhaustion—all the elements that we often forget about when we speak of a work of art.
For that matter the same goes for the presentation venue. They try to make us believe that the *white cube* is neutral, yet it imposes all sorts of things, sometimes in a pretty violent way. There is no such objectivity: it exists neither in the production nor in the exhibition process. When I discovered the photograph of Dadamaino in her studio, surrounded by a flower-pattern wallpaper, I was really struck. I had long been familiar with her cut up canvases and her millimetric drawings, but I had never imagined that she worked in a "flowery" space, intimate, probably a domestic space.

SO: By creating a distance and then focusing, *Dadamaino's secret garden* repeats the serial motif of her studio's wallpaper, highlights the singularity of the photographic portrait and then proceeds to serialize once again. Inversely, in a curatorial gesture you install a group of works on the wallpaper, including Dadamaino's *Volume* (1958), her portrait, but also your own photographs, which display a sensual, erotic and corporeal dimension—for instance *La vie sexuelle des savons* (2018). What were the processes and decisions that resulted in this assemblage?

KS: The most important thing about this work is that it started out as a drawing. This was really important, because it enabled me to physically appropriate this other space: literally with my hands, my own body. This "inefficient" ink drawing enabled me to spend some time in close contact with a space, its decor and the person inhabiting it. A person whose drawings are known for also taking an enormous amount of time to make. So it's really interesting that you should speak of creating a distance, because for me the gesture of drawing does create a distance between the exhibition space and Dadamaino's studio. But it's also exactly the opposite, because I appropriate her space, I superimpose both our working spaces, our gestures and our bodies. So the sensual or corporeal relation you mention was there even before placing other works on it. It was the drawing that allowed me to rethink Dadamaino's cut canvases, because I noticed on other photos that she had hung them in her studio over this flower-pattern wallpaper, and not on a white wall. It's just a game of ideas because I know she designed them for white walls. Nevertheless, I let myself continue to play this game and I felt like suggesting other interpretations: what if these works were not purely abstract forms? What if they were a fragment of a body, or two bodies? And so I chose other works that also contained a degree of ambiguity. Objects that are becoming bodies, queer bodies, each work in itself already contains this ambiguity but overall they create an erotic or explicitly sexual narrative. I liked that.

SO: You often include text in your work, or reading. In the last two years we discussed Annie Ernaux and Donna Haraway several times. Did you use what you happened to be reading during the progression of your work on *Dadamaino's secret garden*? How does this literature, which represents both the 3rd and 2nd feminist waves, influence your thoughts and your gestures?

KS: I was always interested in visual and verbal languages. While I was studying at the school of fine arts I also studied literature, and then I continued with a doctoral dissertation on the link between text and image in contemporary art. This must surely reflect on my work. But the experience of speaking most of the time in a language which is not my mother tongue also plays an important role: there is loss and shift in meaning, stammering … Perhaps this is one of the reasons why I understand language first as matter, as something really physical, like a piece of clay. It's sensual, and it's another way of creating images. So yes, the writers you mention are important to me; Donna Haraway and her way of juggling happily with all the theoretical fields that don't usually mix and of deconstructing the hierarchies of academic and patriarchal thought; Annie Ernaux for the precision of her images and for the dignified way in which she sees outcasts and people who have strayed from one social class to another … yes, of course. But I don't think about them while I'm doing. Not as references at any rate, but rather as *material*. Am I being clear? For example in my work I've been very interested lately in tables, tables and how they relate to the (female) body, tables as objects and places of work, of presentation, objects in the studio, objects for encounters. At one point I was thinking of Sara Ahmed's table, do you remember how she describes the way Husserl's table is positioned and the distance (or disconnection) between it and the social and family life surrounding him? And how she places "her table" in the kitchen, at the very heart of everyday life? I think it's at the beginning of *Queer Phenomenology*. In fact, I can just see Sara Ahmed's table in Dadamaino's studio!

SO: Yes, Sara Ahmed picks up the writing table that Husserl discusses in *Ideas: General Introduction to Pure Phenomenology* (1913). He develops a phenomenology of what "appears." He perceives what is in the room from this place behind his writing table in his family home, in front of him and behind him. In effect, his perception of the world occurs through the intimacy and comfort of his little family, with a woman in the kitchen and children playing, as does his perception of other works, of the words on his page. So, says Ahmed, he is *oriented*. And she wonders how much philosophy depends on the ability to write and observe the world from your desk while someone else is dealing with the housework? She refers for instance to writer Adrienne Rich, who said that she found herself removed from any writing activity the minute her children stopped their own activity to come and see her.[1] So, now, if we think of this orientation towards and from objects as initiating form, I'd like to understand more about how you decide on your use of materials, in relation to objects and gestures. How do you choose the materials that you work with? How do you proceed from this choice of objects to a choice of forms?

KS: Well it's pretty simple, it's like a ping pong game between a rather conceptual way of thinking and a more spontaneous, intuitive, sensual relation with the images, materials and forms around me. Very often it starts with an idea, a thought which later tries to take on a form. But sometimes it can also be an object that almost imposes a specific process, like the African shield in *Wandelnde Blätter (Gespenstheuschrecken) and other failed attempts of cultural appropriation*. Or for instance the piece of collage in *Little death*, whose provenance I don't know. From the start I knew I wanted to answer the ambiguous emotions caused by this image, somewhere between pain, victory, pleasure, exhaustion … and so I decided to make this image even more vulnerable by responding to it with a drawing of a female body, drawn with a very fine, very soft line. And then often some of the images, materials or objects have been around me for a while, they are wise, more than I am, and also very patient! They wait for the right moment and then all of a sudden they turn out to be the answer to a visual or formal question I've been asking myself without having thought of them. Like for the wall in *Dadamaino's secret garden*, where suddenly the two bars of soap not only picked up the formal link with the shapes cut out in Dadamaino's canvas, but also enabled me to eroticize the forms of the whole, or allowed for an "erotic formalism" which later reappears in *Agathe*. This porcelain lid had been lying around my studio for a long time, I had held it in my hands a thousand times … and then one day the object, the gesture and the thought find one another, and the process comes full circle.

1 See Adrienne Rich, *Of Woman Born* [1976], London 1991, quoted by Sara Ahmed, *Queer Phenomenology*, Durham/London 2006, p. 32.

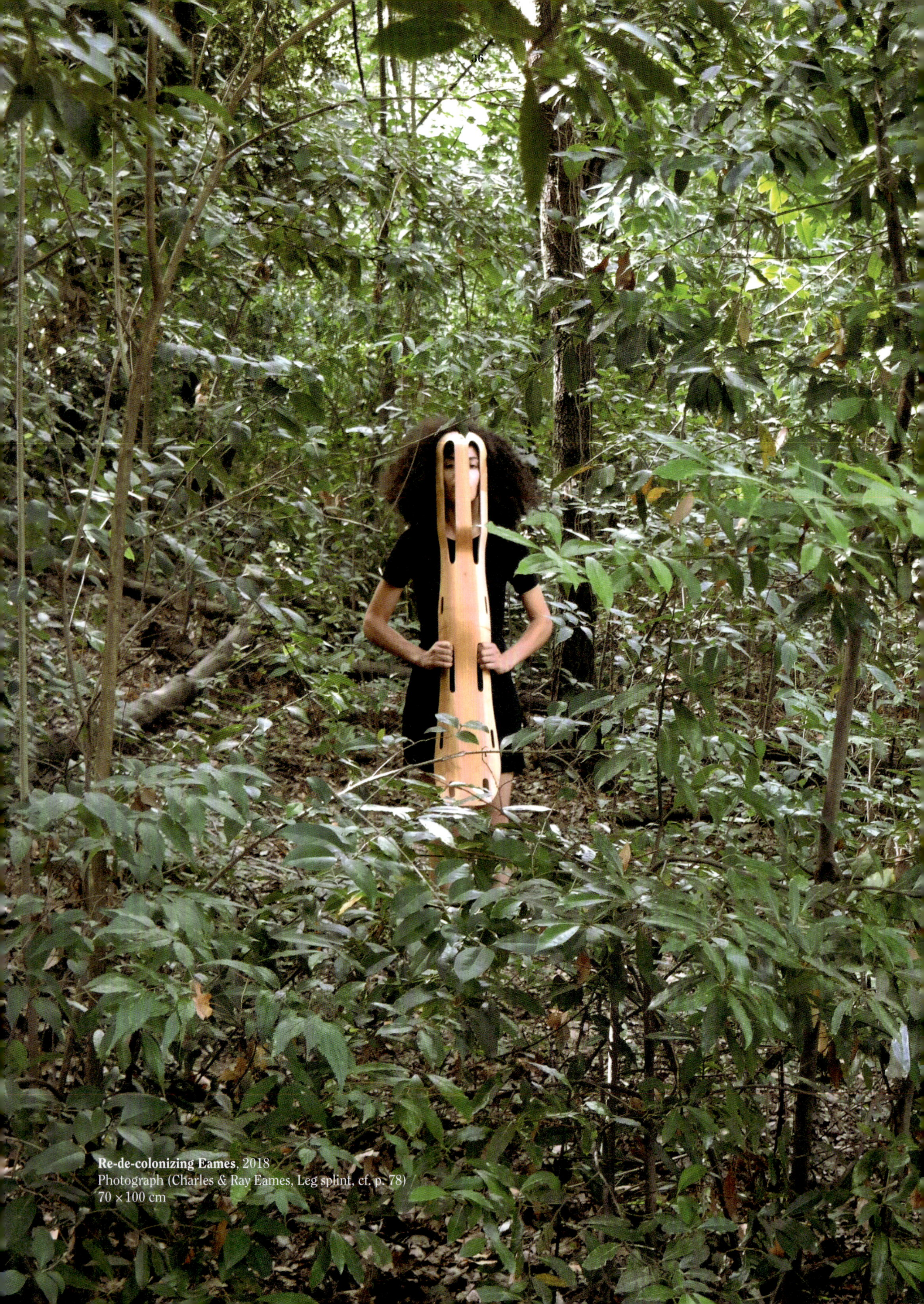

Re-de-colonizing Eames, 2018
Photograph (Charles & Ray Eames, Leg splint, cf. p. 78)
70 × 100 cm

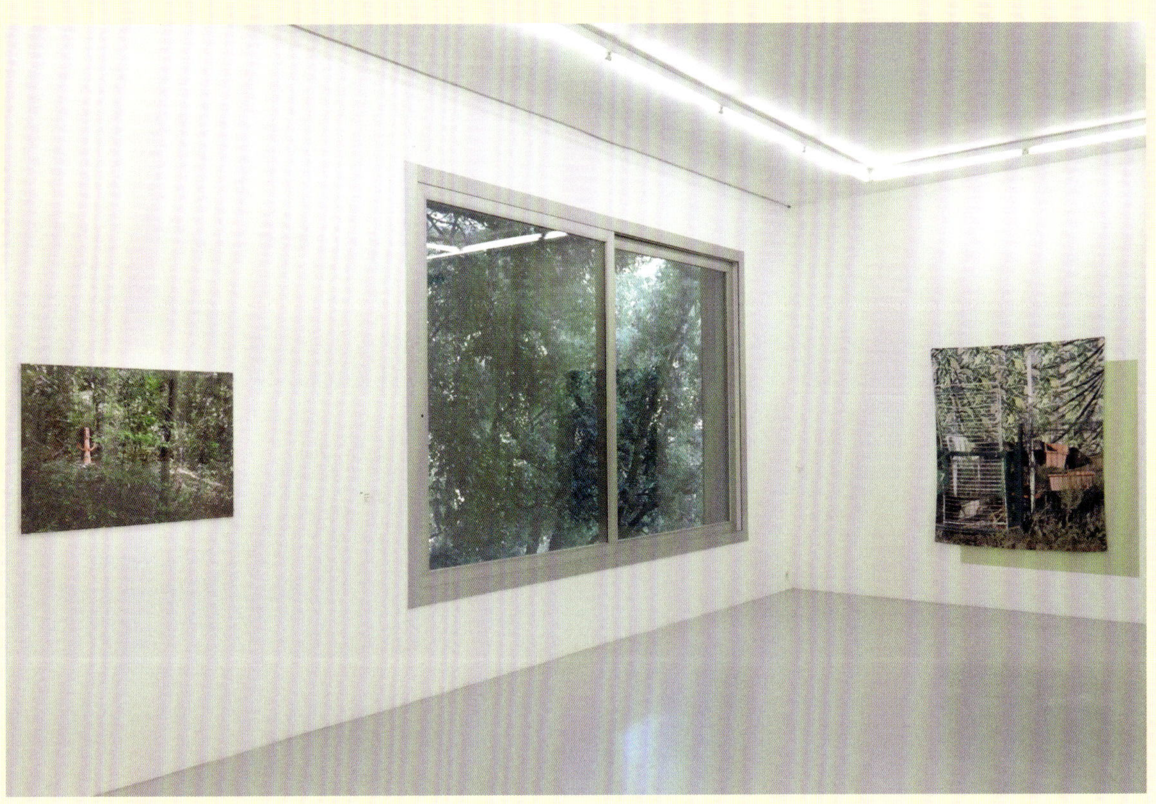

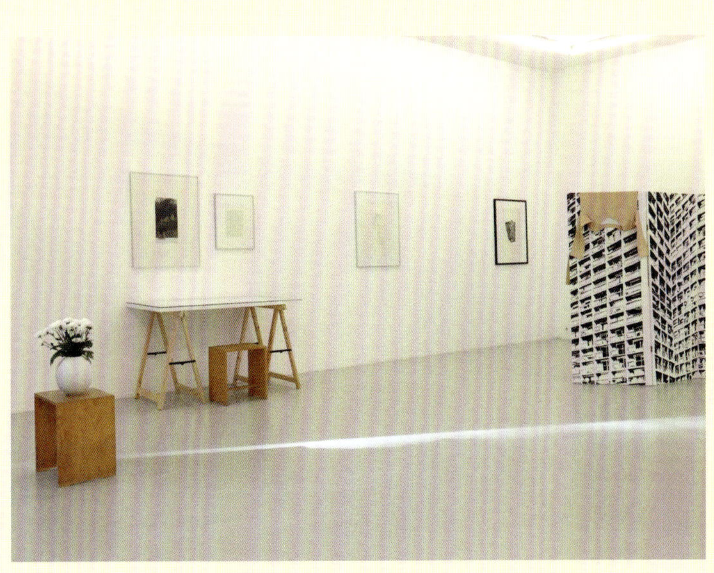

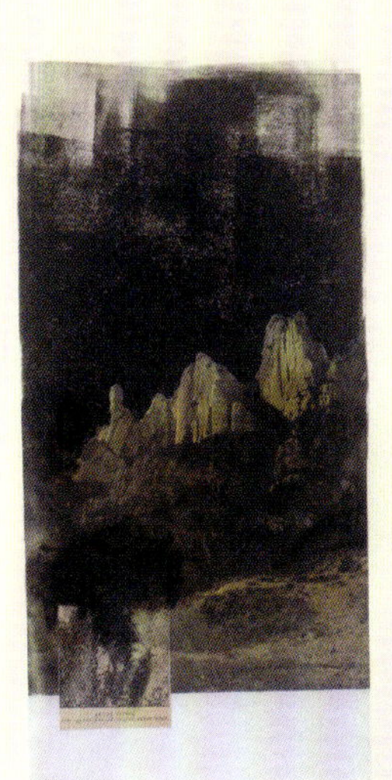

All welcome all mercy, 2018
Exhibition view (room 2)
Espace de l'Art Concret, Centre d'art contemporain, Mouans-Sartoux

All welcome all mercy, 2018
Exhibition view (room 1)
Espace de l'Art Concret, Centre d'art contemporain, Mouans-Sartoux

Cadavre allemand, 2016
Collage
80 × 60 cm

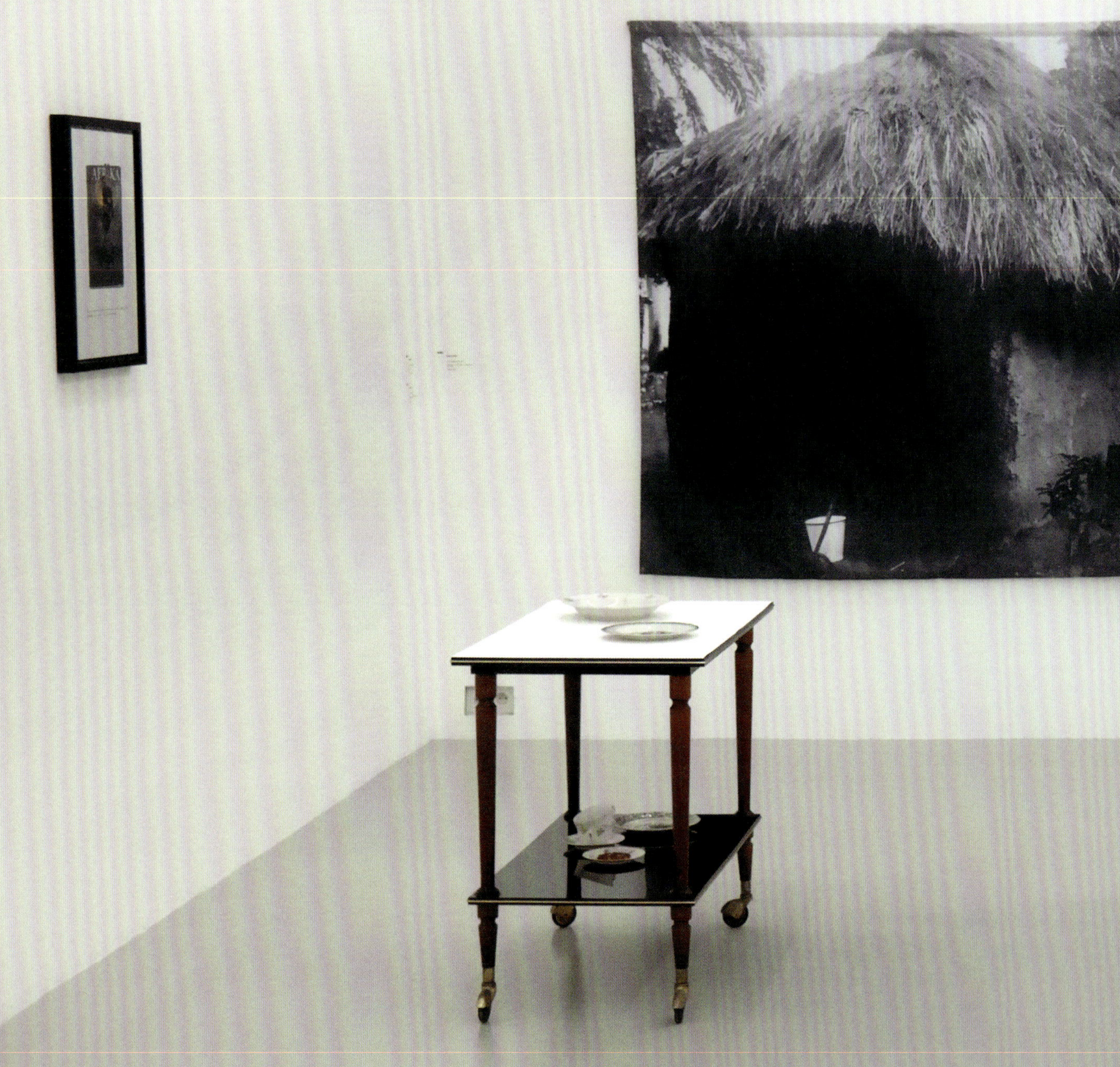

All welcome all mercy, 2018
Works by Katrin Ströbel and a painting from the collection (Aurelie Nemours, Plan pyramidal, cf. p. 78)
Espace de l'Art Concret, Centre d'art contemporain, Mouans-Sartoux

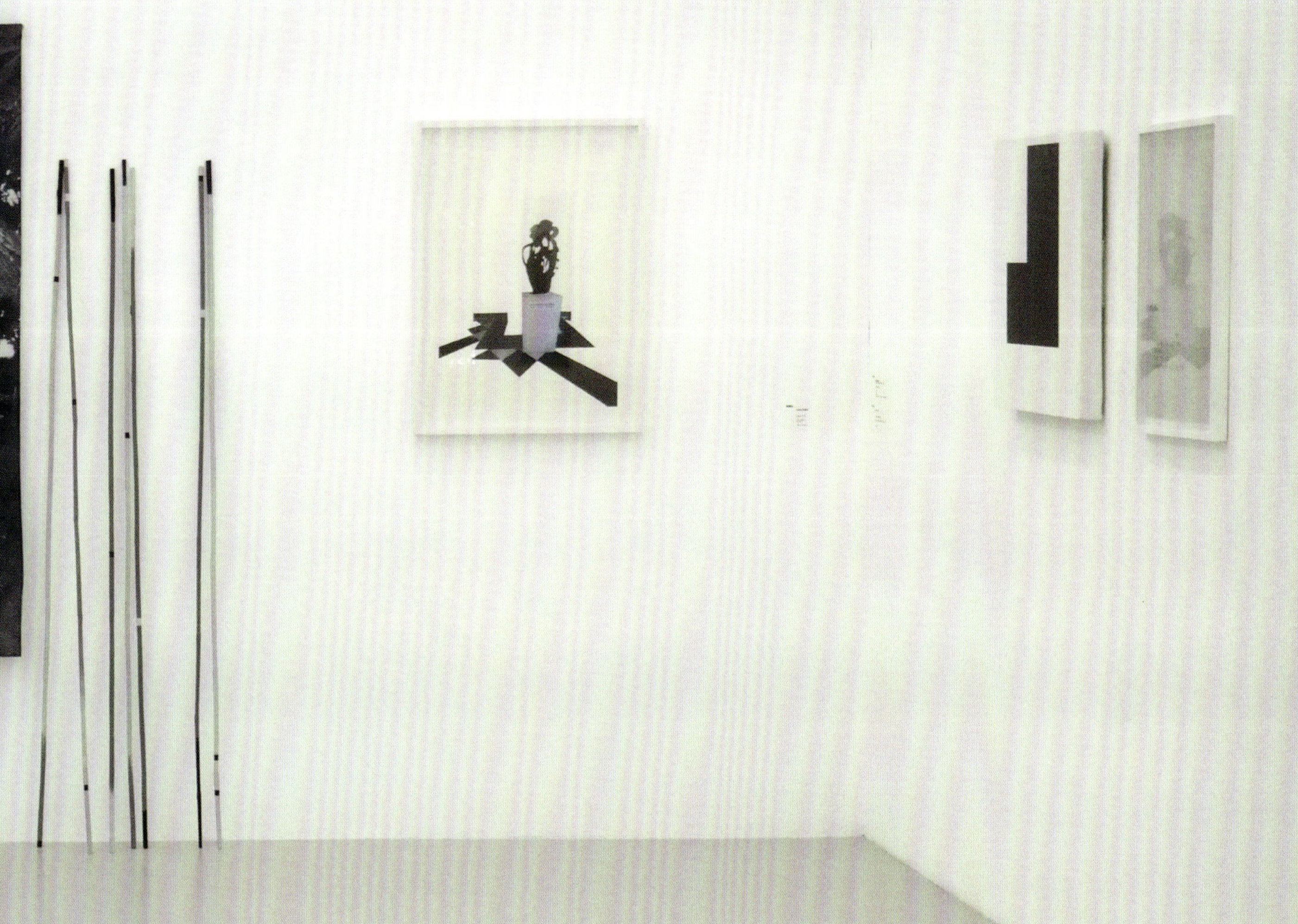

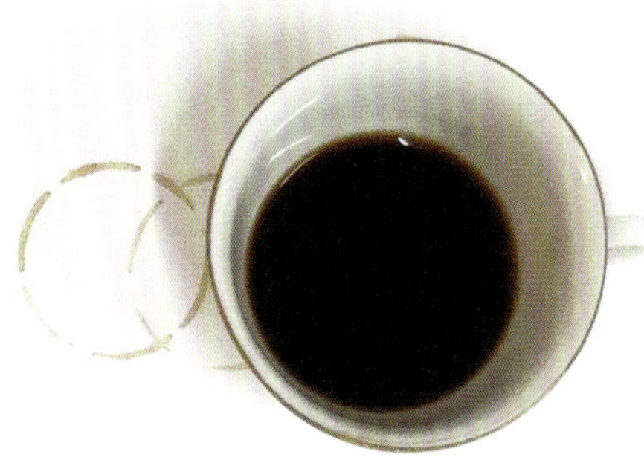

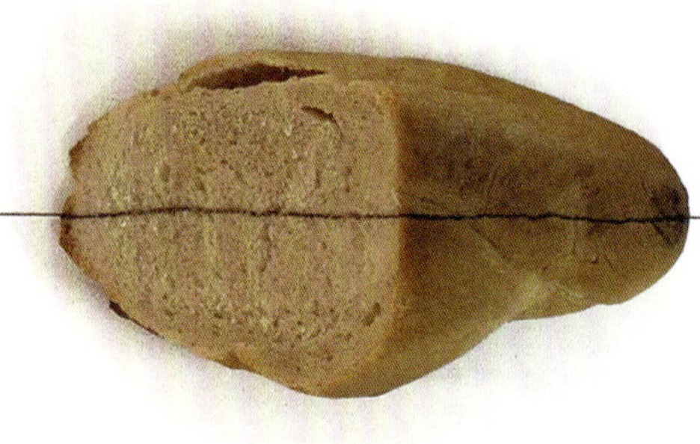

Täglich Brot I, 2018
Detail, photograph
70 × 120 × 60 cm

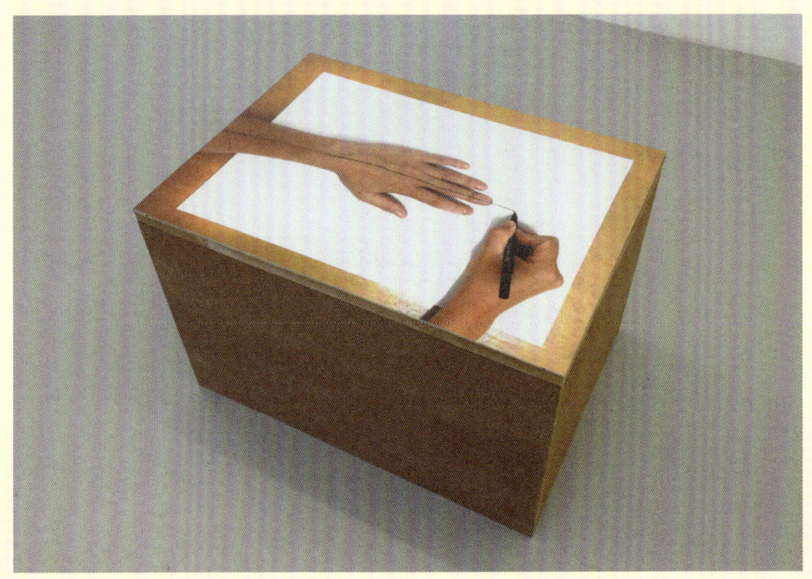

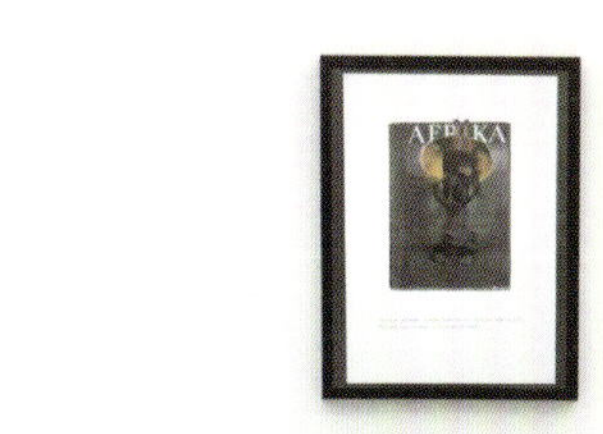

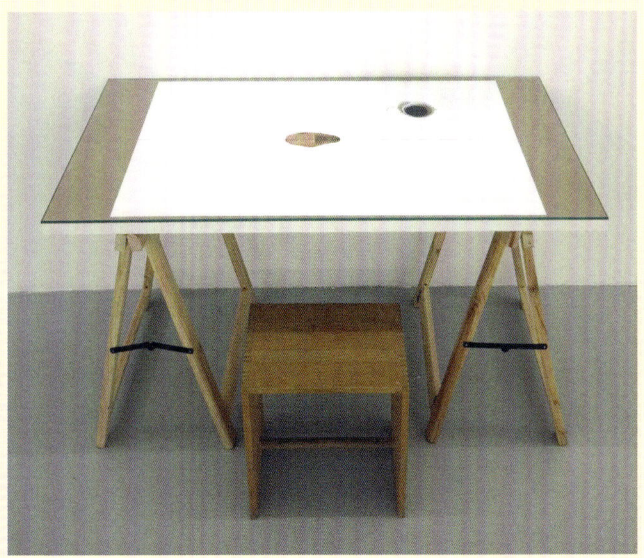

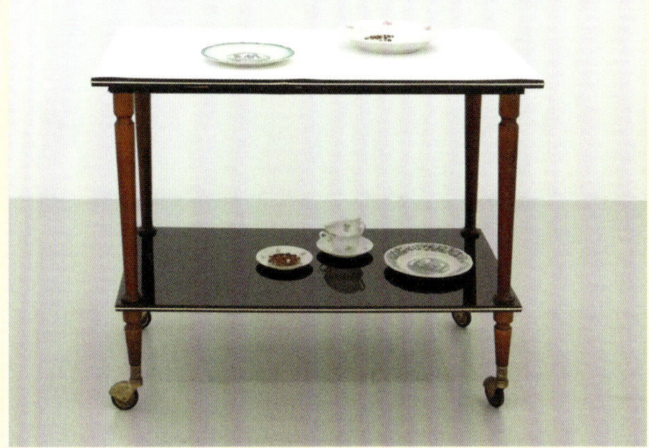

Petite Alsacienne, 2015
Collage, aquarelle, drawing
60 × 44 cm

Täglich Brot I, 2018
Photograph, table, glass pane
70 × 120 × 60 cm

Täglich Brot II, 2018
Photograph, wood, glass pane
50 × 70 ×50 cm

Täglich Brot III, 2018
Drawing, serving table, dishes,
Haitian beans
90 × 50 × 70 cm

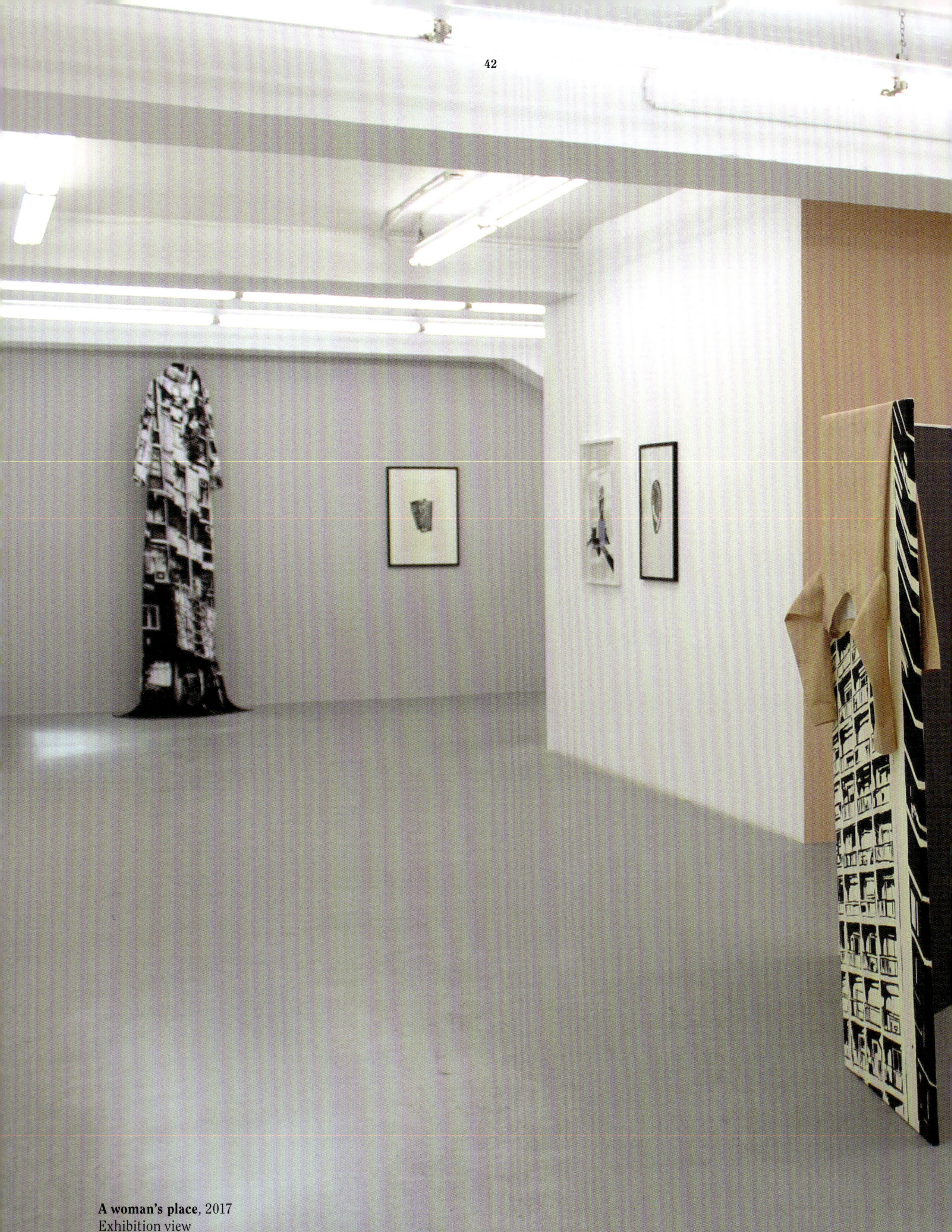

A woman's place, 2017
Exhibition view
Galerie Heike Strelow, Frankfurt/Main

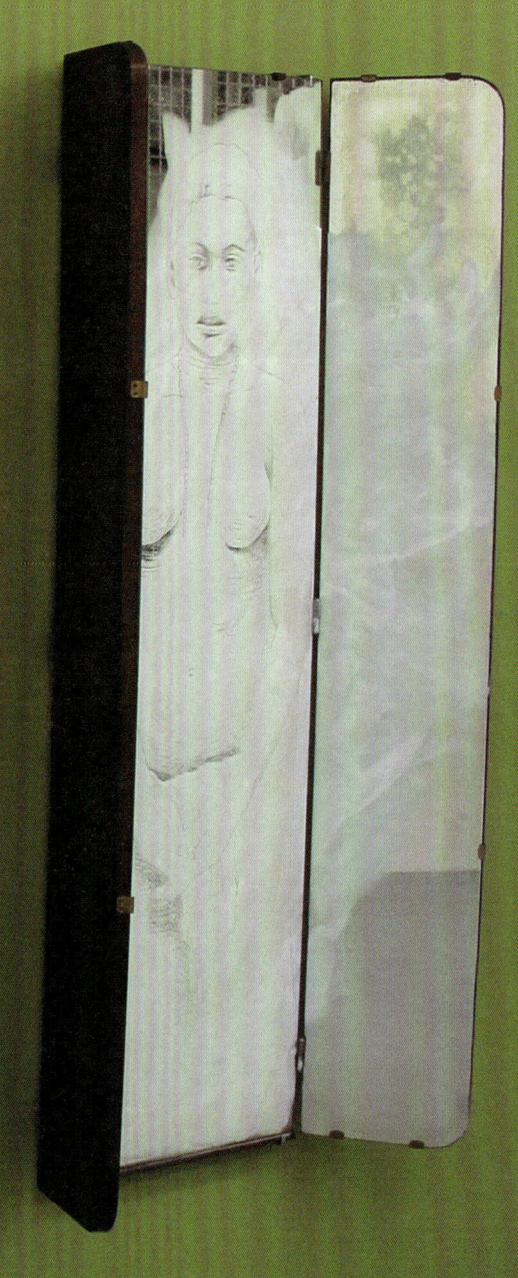

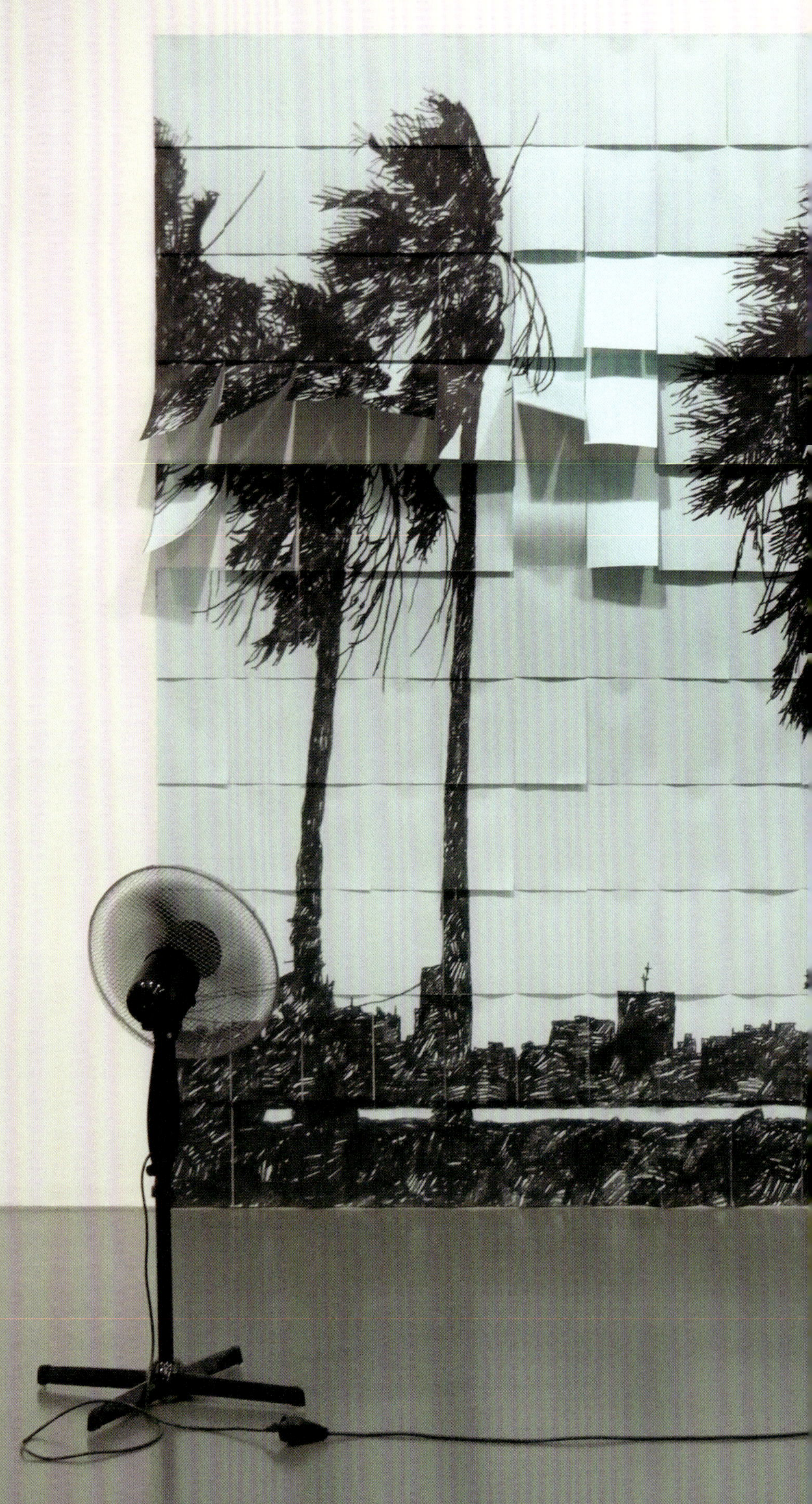

Ile de Gorée, 2011
Digitized drawing, ventilators
420 × 320 cm

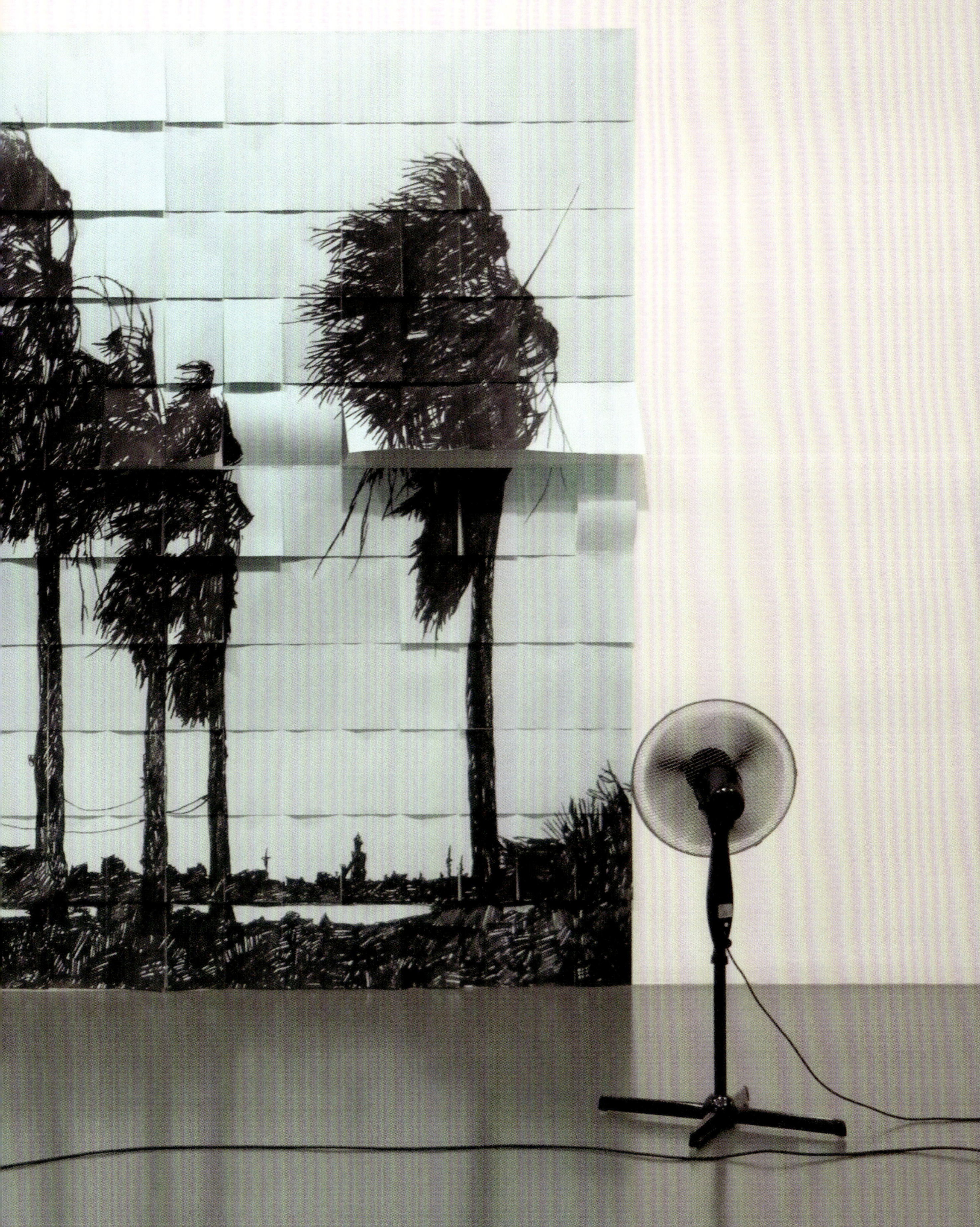

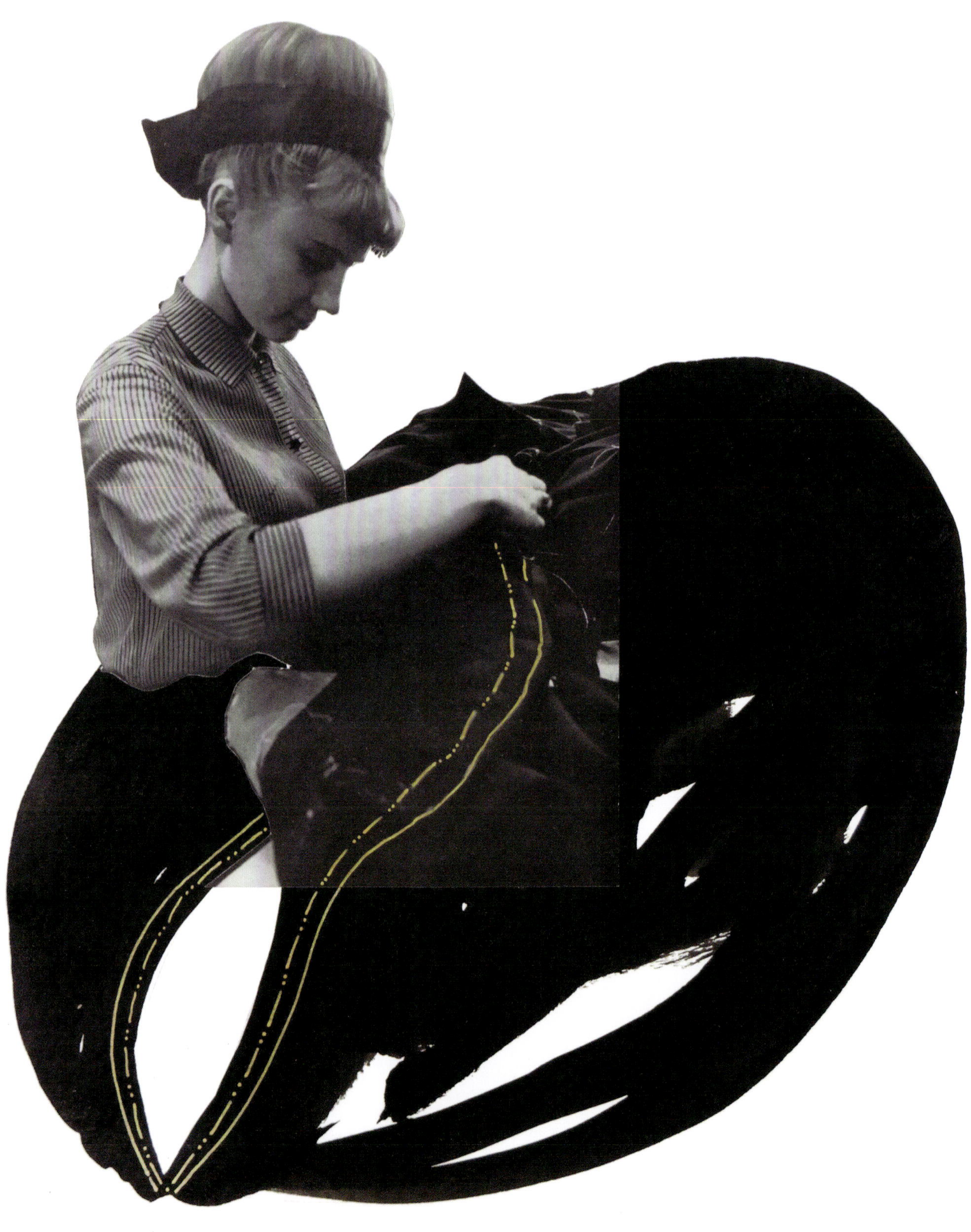

Body Politics II (Mädchen, nähend), 2016
Drawing, collage
45.5 × 33.5 cm

Julie Crenn

Körper als Archive – *Body Politics* von Katrin Ströbel

Seit den frühen Zwanzigerjahren fertigte Hannah Höch Fotomontagen an, die eine andere Repräsentation von Frauen anstrebten. Ikonografische Quellen westlicher Herkunft mischte sie mit solchen nicht-westlicher Provenienz. Lange Zeit vor den feministischen Forderungen der späten Sechzigerjahre produzierte sie kritische Bilder gegen eine traditionell patriarchale und koloniale Ikonografie. 2016 beginnt Katrin Ströbel mit der Collageserie *Body Politics*. Die Werke (Collagen und Zeichnungen) präsentieren „politische Körper“: handelnde, arbeitende Körper. Aus einem über Jahre zusammengetragenen Fundus an Bildern wählt die Künstlerin Darstellungen tätiger Frauen aus: Demonstrantinnen, Forscherinnen, Arbeiterinnen usw. Die ausgeschnittenen Fotografien werden auf dem Papier platziert, komponiert und durch gezeichnete Partien erweitert. So sieht man etwa eine Gruppe sibirischer Frauen, die Ende der Fünfzigerjahre demonstrieren; im Vordergrund zeigt ein Schild nicht mehr das Porträt Lenins, sondern einen gezeichneten Ausschnitt eines nackten Frauenkörpers. Die zwischen Stolz, Verlegenheit und Missbilligung changierenden Blicke der Demonstrantinnen transformieren so die ursprüngliche Lesart des Bildes. Gleiches gilt für zwei Forscherinnen/Wissenschaftlerinnen in weißen Kitteln. Sie wurden in einer Bibliothek fotografiert, einem Ort der Forschung und des Wissens. Ihre Handlungen werden in der Skizze eines nackten Männerkörpers weitergeführt, der auf einer Art Pelz- und Blumenteppich drapiert liegt. Es handelt sich dabei um eine Skizze des Barberinischen Fauns, die ihren Ursprung in der Skulptur eines schlafenden Satyren hat. Die beiden Frauen beobachten und kommentieren das Geschlecht des mythologischen Geschöpfs, das ihr Studienobjekt geworden ist. Die patriarchale (medizinische) Ikonografie ist hier komplett in ihr Gegenteil verkehrt. Zwei lange, von Blumenmotiven bedeckte Arme beschützen einen männlichen, in Stein gehauenen Torso – Vorstellungen von *care* (Sorge), Verletzlichkeit, Empathie und Macht geraten somit ins Wanken.

Die Bilder sind dementsprechend als Rohmaterial zu sehen, das die Künstlerin dann bearbeitet, verändert und erweitert und auf diese Weise ein hierarchisches und unterdrückendes Repräsentationssystem kritisch reflektiert. In diesem Sinne schreibt sich Katrin Ströbel in das Erbe vieler protofeministischer, feministischer und postfeministischer Künstlerinnen ein – ein künstlerisches und politisches Erbe, das sich eine uneindeutige und komplexe Repräsentation von Frauen zum Ziel setzt, die ohne Stereotype und Zuschreibungen auskommt. Wenn Künstler*innen unter Berufung auf die Tradition und Geschichte zur Reproduktion dieser Stereotype beitragen, führen sie damit symbolische Gewalt, Geringschätzung und gefährliche Herrschaftsmechanismen fort. So begreift Paul B. Preciado „den Körper als ein lebendiges politisches Archiv, ein historisches Reservoir extrem wirkmächtiger Repräsentationen von Weiblichkeit und Männlichkeit“. Er fügt an, man könne „keine dissidente Subjektivität entwickeln, ohne auf historisch-politische Repräsentationen zu verweisen“[1]. Mit der Aneignung gedruckter Bilder verschiedener Epochen und soziokultureller Kontexte verrückt Katrin Ströbel eine kollektiv-eindeutige Bebilderung, um stattdessen neue Erzählungen zu entwerfen, Repräsentationsräume zu öffnen und Möglichkeiten zu erweitern.

1 „Cours particulier avec Paul B. Preciado 1/2“, *Les couilles sur la table*, 25. April 2019, https://shows.acast.com/les-couilles-sur-la-table/episodes/cours-particulier-avec-paul-b-preciado-12?fbclid=IwAR14MlWjlSM2G2aQEqIhVVeBlBN4HQyrSnZIUGQyjHhtP9XwZXeuuLNCAa4, abgerufen am 19.3.2020.

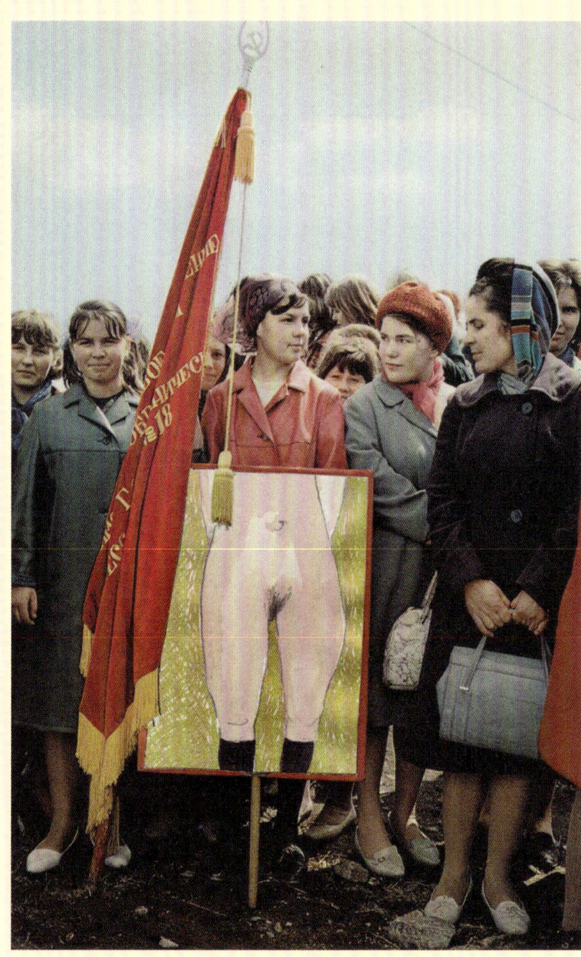

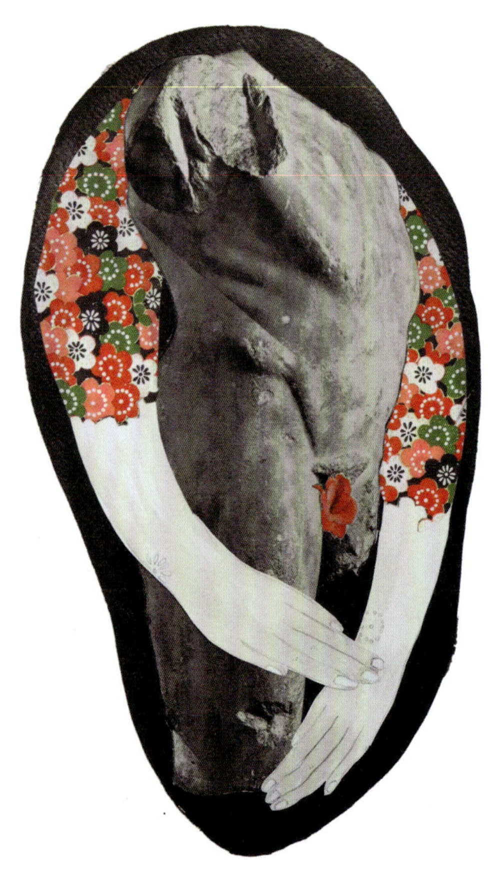

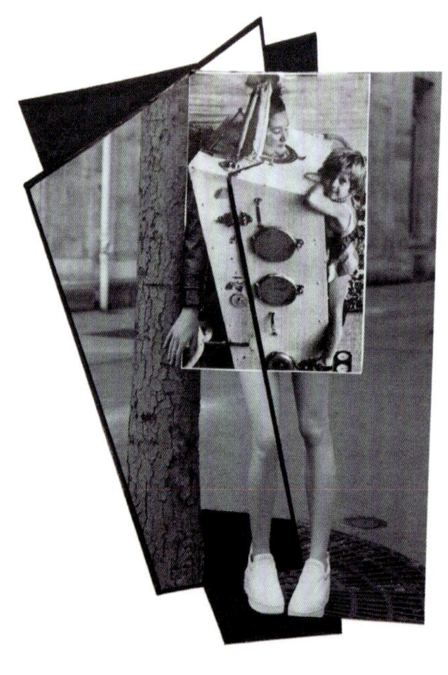

Body Politics IV (Torso), 2016
Drawing, collage
72 × 52.5 cm

Body Politics I (manifestation), 2016
Drawing, aquarelle, collage
22 × 14 cm

Body Politics V (Kiste), 2016
Drawing, collage
60 × 40 cm

Julie Crenn

Des corps comme archives – *Body Politics* de Katrin Ströbel

Dès le début des années 1920, Hannah Höch réalise ses premiers photomontages visant à élaborer une autre représentation des femmes. Elle hybride ainsi des sources iconographiques occidentales et extra-occidentales. Bien avant les revendications féministes apparues à la fin des années 1960, Hannah Höch fabrique des images critiques allant à l'encontre d'une iconographie traditionnellement patriarcale et coloniale. En 2016, Katrin Ströbel débute la série de collages intitulée *Body Politics*. Les œuvres (collages et dessins) présentent des « corps politiques », des corps agissants, des corps au travail. À partir d'un atlas d'images qu'elle récolte depuis plusieurs années, l'artiste a sélectionné des représentations de femmes en activité : manifestantes, chercheuses, ouvrières, etc. Les images photographiques sont découpées, placées dans l'espace de la feuille, composées et augmentées de parties dessinées. Ainsi, un groupe de femmes sibériennes manifestent à la fin des années 1950 ; au premier plan, une pancarte n'affiche plus le portrait de Lénine, mais le dessin d'une partie d'un corps de femme nu. Entre fierté, gêne et réprobation, les regards des manifestantes transforment la lecture originale de l'image. Il en est de même pour les deux chercheuses/scientifiques vêtues de blouses blanches. Elles sont photographiées dans une bibliothèque, lieu de la recherche et du savoir. Leur action est prolongée d'une esquisse d'un corps masculin nu disposé sur un lit de fleurs et de fourrure. Il s'agit d'une esquisse du Faune Barberine réalisée à partir de la sculpture représentant un satyre endormi. Les deux femmes observent et commentent le sexe de la créature mythologique, devenue leur sujet d'étude. L'iconographie patriarcale (médicale) se trouve ici intégralement renversée. Deux longs bras couverts de motifs floraux protègent un torse viril sculpté dans la pierre. Les notions de *care* (soin), de vulnérabilité, d'empathie et de puissance sont ainsi bousculées.

Les images sont alors envisagées comme une matière première que l'artiste va ensuite travailler, transformer et augmenter pour penser et panser un système de représentation hiérarchisé et oppressif. En ce sens, Katrin Ströbel s'inscrit dans l'héritage construit par de nombreuses femmes artistes protoféministes, féministes et postféministes. Un héritage artistique et politique visant à une représentation ambiguë et complexe des femmes, une représentation débarrassée des stéréotypes et des assignations. Sous prétexte de tradition et d'Histoire, les artistes qui contribuent à la reproduction de ces stéréotypes perpétuent une violence symbolique, un mépris et de dangereux mécanismes de domination.

À ce propos, Paul B. Preciado envisage « le corps comme une archive politique vivante, un réservoir historique de représentations de la féminité et de la masculinité extrêmement puissantes. » Il ajoute qu'on « ne peut pas fabriquer une subjectivité dissidente sans faire appel à des représentations historico-politiques. »[1] En s'appropriant des images imprimées issues de différentes époques et de différents contextes socioculturels, Katrin Ströbel déplace une imagerie collective univoque pour architecturer de nouveaux récits, ouvrir les espaces de représentations et élargir les possibilités.

1 « Cours particulier avec Paul B. Preciado 1/2 », *Les couilles sur la table*, 25 avril 2019, https://shows.acast.com/les-couilles-sur-la-table/episodes/cours-particulier-avec-paul-b-preciado-12, consulté le 19 mars 2020.

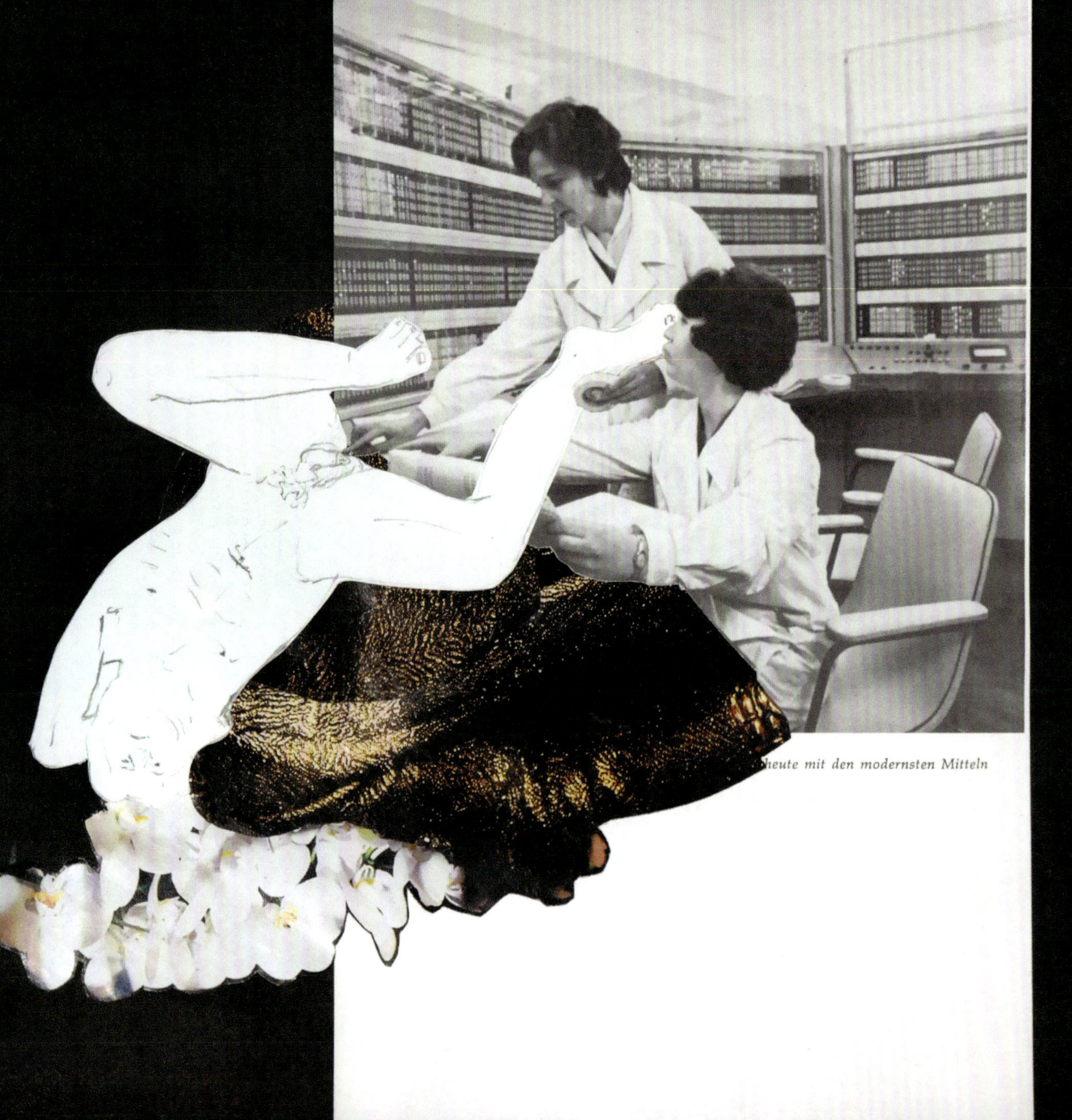
heute mit den modernsten Mitteln

Julie Crenn

Bodies as Archives—Katrin Ströbel's *Body Politics*

In the early twenties Hannah Höch started producing her first photomontages, which aimed at developing a different representation of women. She mixed western and non-western iconographic sources. Long before the first feminist protests of the late sixties, Hannah Höch created images that were critical of the traditional patriarchal and colonial iconography. In 2016, Katrin Ströbel began a series of collages entitled *Body Politics*. These works (collages and drawings) feature "political bodies," acting bodies, bodies at work. The artist selected representations of active women from an atlas of images that she has been putting together for several years: demonstrators, researchers, laborers, etc. The photographic images are cut, placed in the space of the sheet, composed and augmented by drawings. For instance a group of women from Siberia demonstrating in the late fifties, with a placard in the forefront displaying, rather than a portrait of Lenin, a part of a woman's nude body. The look on the face of the women who are demonstrating, somewhere between pride, embarrassment and disapproval, transforms the original meaning of the picture. The same happens with the two women researchers/scientists dressed in white lab coats. The photograph is taken in a library, a place for research and knowledge. Their action is prolonged by a sketch of a male nude body placed on a bed of flowers and fur. It is a sketch of the Barberini Faun, made from the sculpture of a sleeping satyr. The two women are examining and commenting the genitals of this mythological creature which has become the object of their study. Here the patriarchal (medical) iconography is totally reversed. Two long arms covered with flower motifs protect a virile torso sculpted in stone. The notions of care, vulnerability, empathy and power are thus being challenged.

The pictures are used by the artist as raw material that she fashions, transforms and augments in such a way as to think out, and dress the wounds, of a hierarchized and oppressive system of representation. Here Katrin Ströbel falls within the scope of the legacy left us by numerous proto-feminist, feminist and post-feminist women artists. An artistic and political legacy aiming at an ambiguous and complex representation of women, rid of stereotypes and assignations. On the pretext of tradition and history, artists who contribute to the reproduction of these stereotypes perpetuate symbolic violence and contempt as well as dangerous mechanisms of domination. Concerning this, Paul B. Preciado considers "the body as a living political archive, a historical reservoir of extremely powerful representations of femininity and masculinity." He adds that one "cannot create a dissenting subjectivity without calling forth historical and political representations."[1] By appropriating printed images from various eras and sociocultural contexts, Katrin Ströbel displaces an unequivocal collective imagery in order to construct new narratives, expand the space for representation and open up the range of possibilities.

1 "Cours particulier avec Paul B. Preciado 1/2", *Les couilles sur la table*, April 25, 2019, https://shows.acast.com/les-couilles-sur-la-table/episodes/cours-particulier-avec-paul-b-preciado-12, last accessed March 19, 2020.

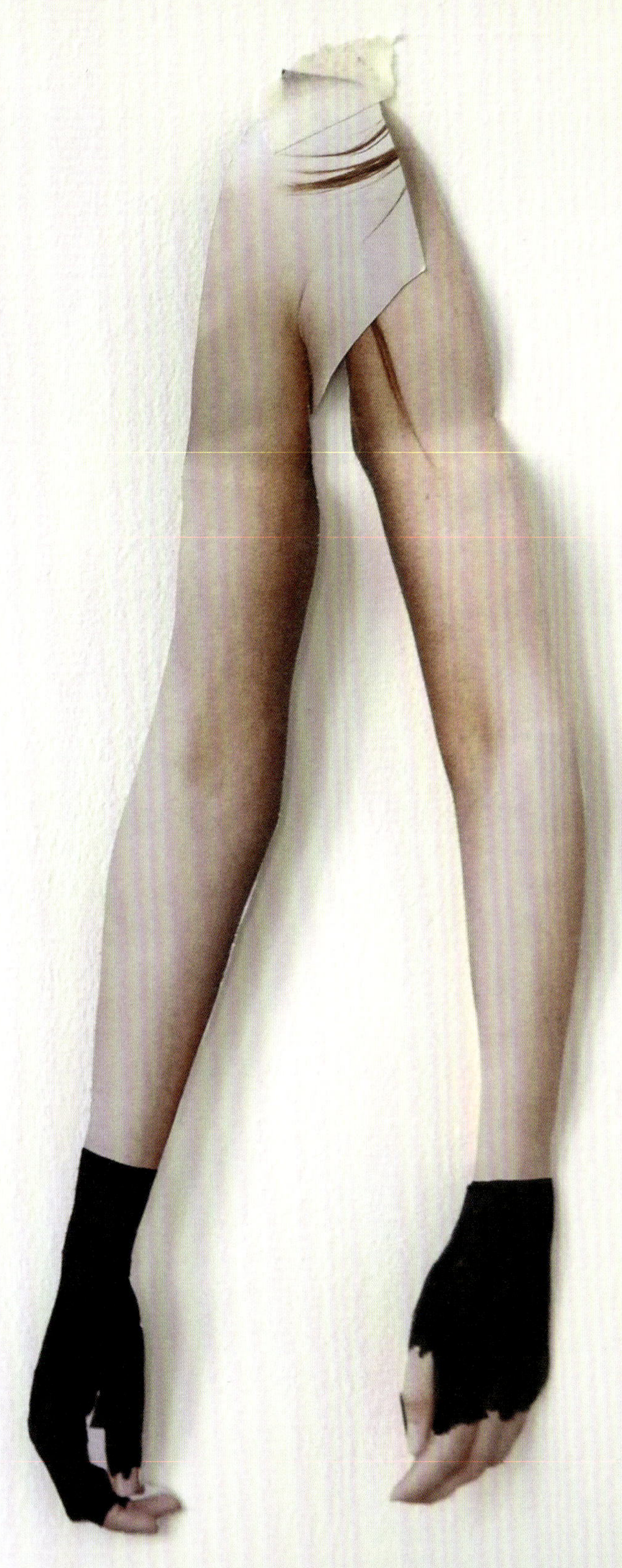

Handfüßer, 2019
Collage, drawing
32 × 24 cm

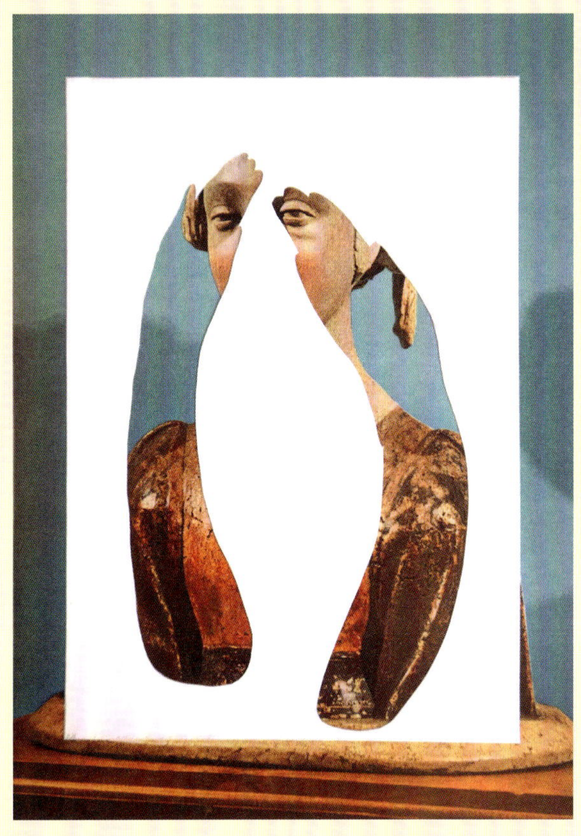

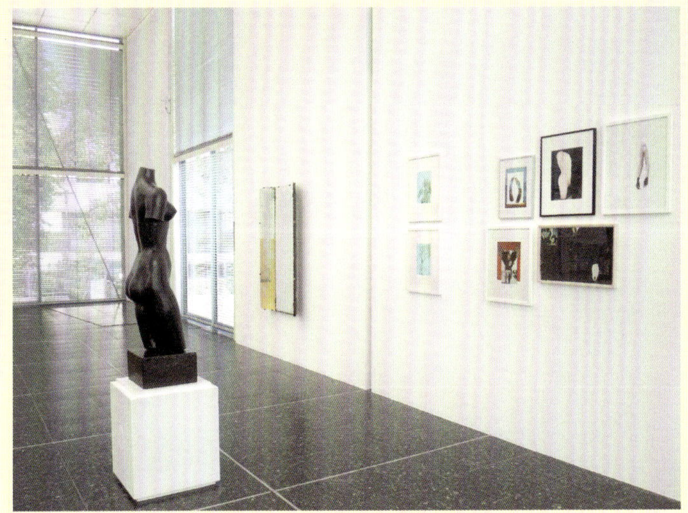

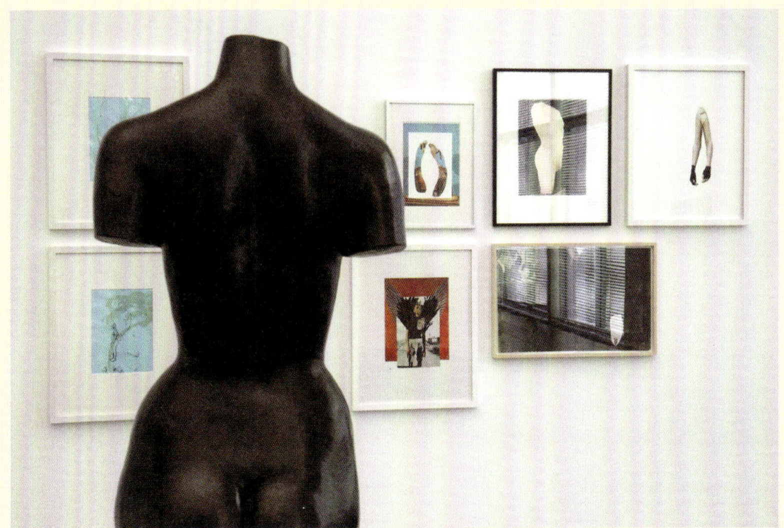

Von der Zuverlässigkeit des Fragments, 2019
Collages by Katrin Ströbel and a sculpture by
Wilhelm Lehmbruck (Torso der großen Sinnenden, cf. p. 78)
Kunstverein Pforzheim

Covered, 2017
Collage
27 × 20 cm

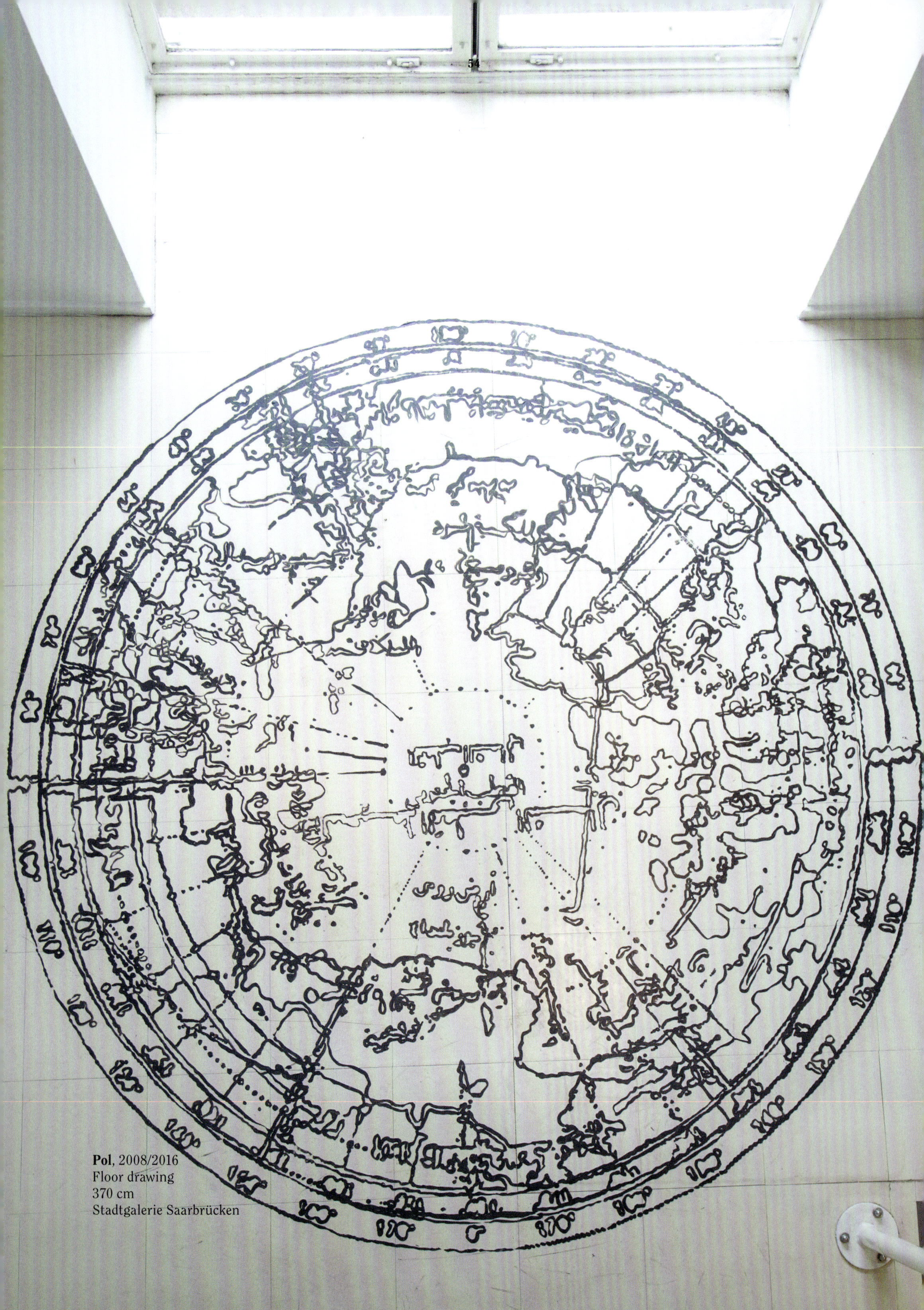

Pol, 2008/2016
Floor drawing
370 cm
Stadtgalerie Saarbrücken

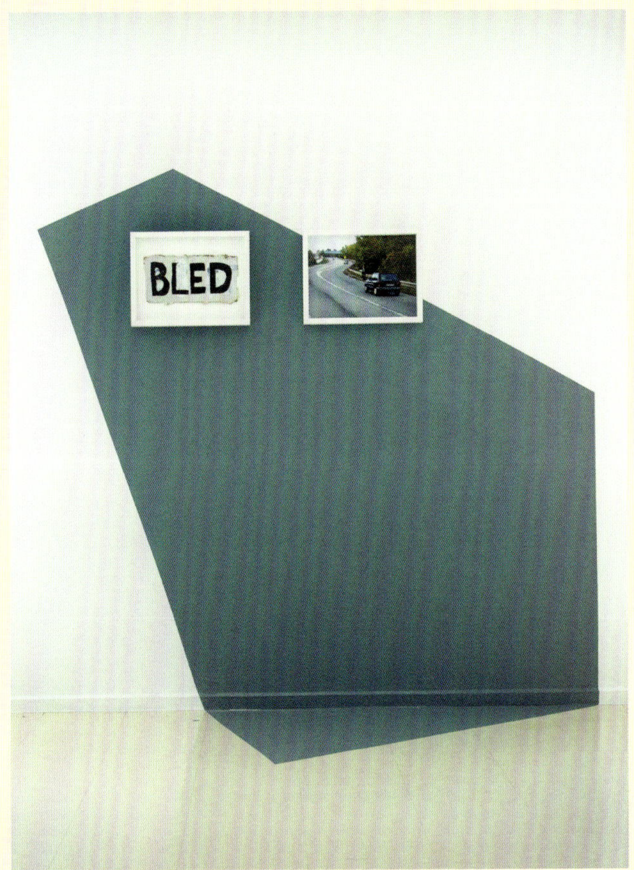

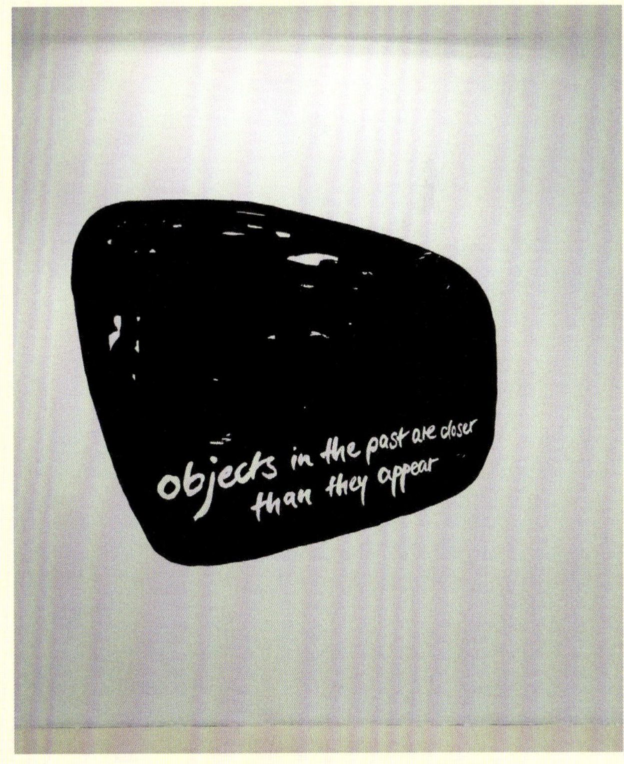

Bled, 2019/2016
Card board, photograph, wall drawing
240 × 200 cm
Stadtgalerie Saarbrücken

Objects in the past, 2016
Wall drawing
170 × 220 cm
Stadtgalerie Saarbrücken

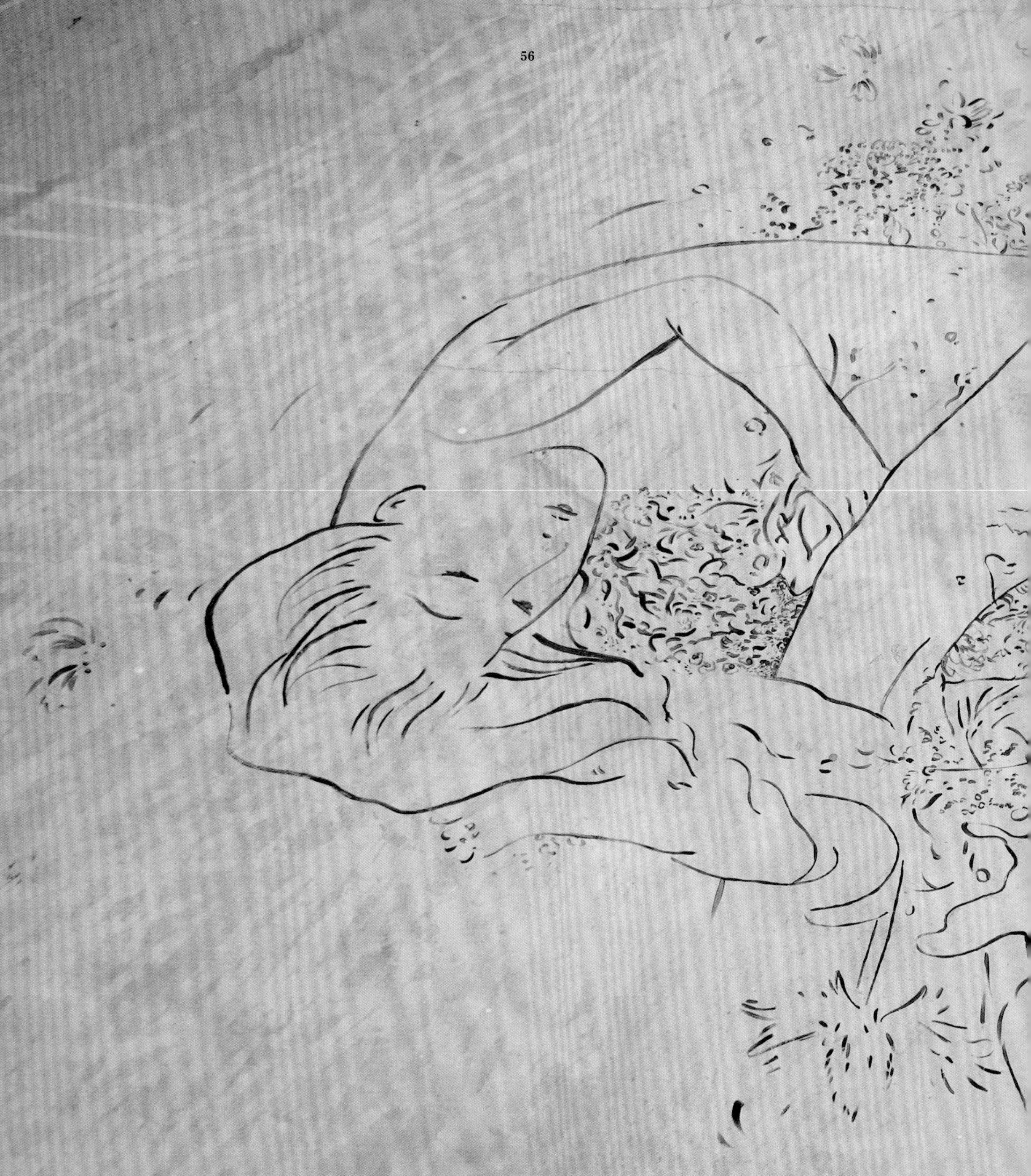

… and then we started a revolution of desire (Your north is my south), 2018
Floor drawing
370 × 190 cm
La Kunsthalle Mulhouse

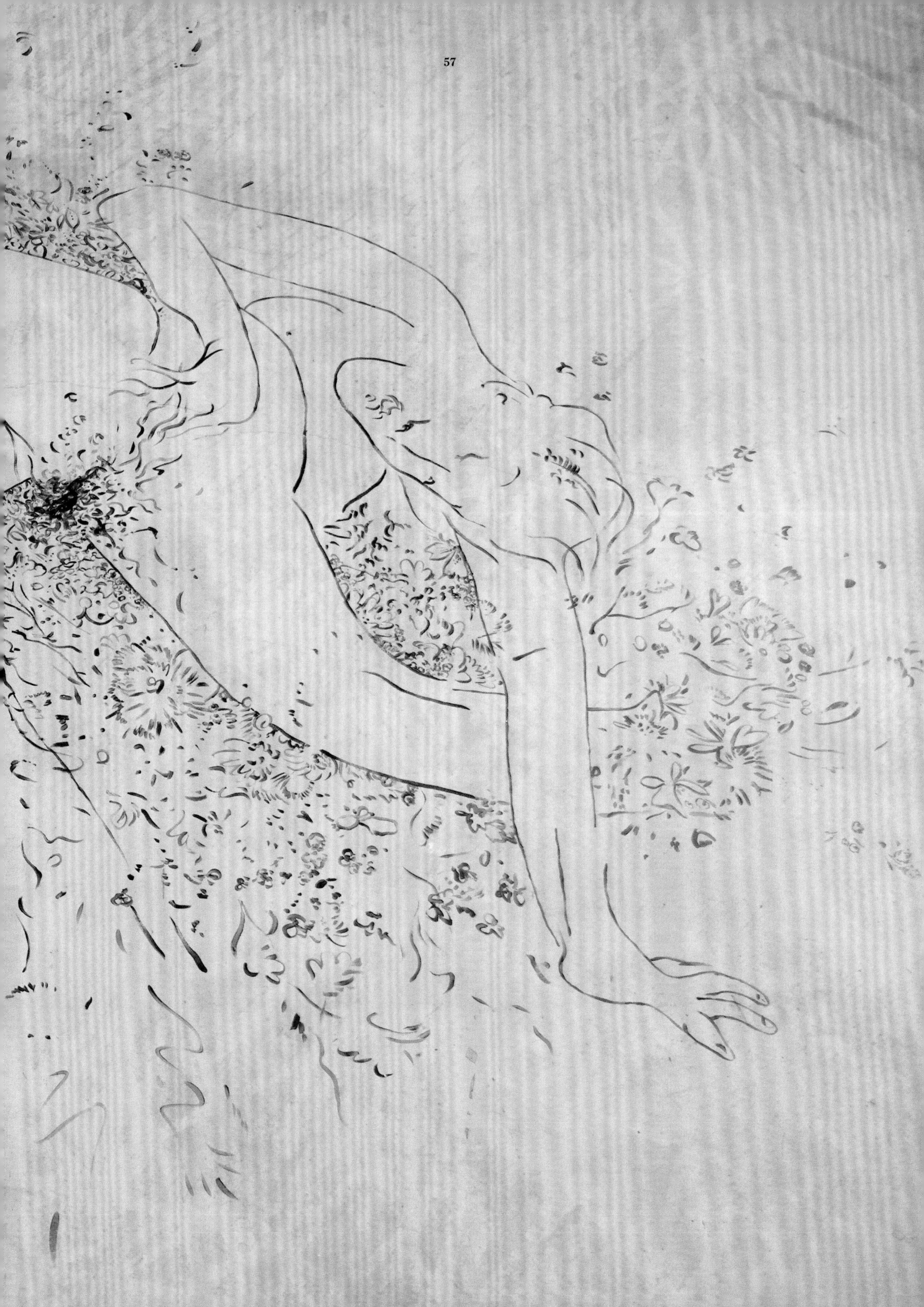

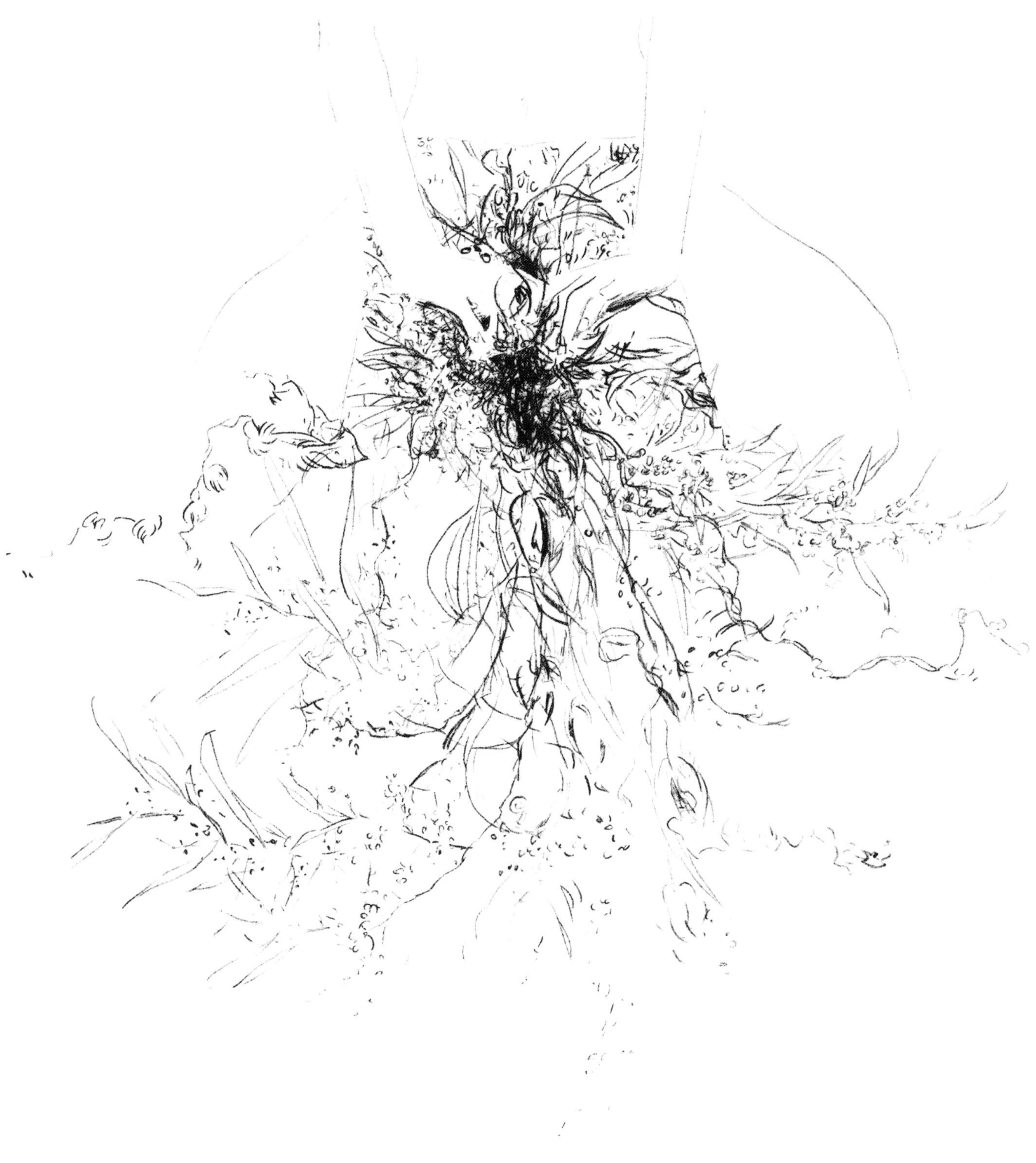

… and then we started a revolution of desire (the origin), 2018
Drawing
42.5 × 32 cm

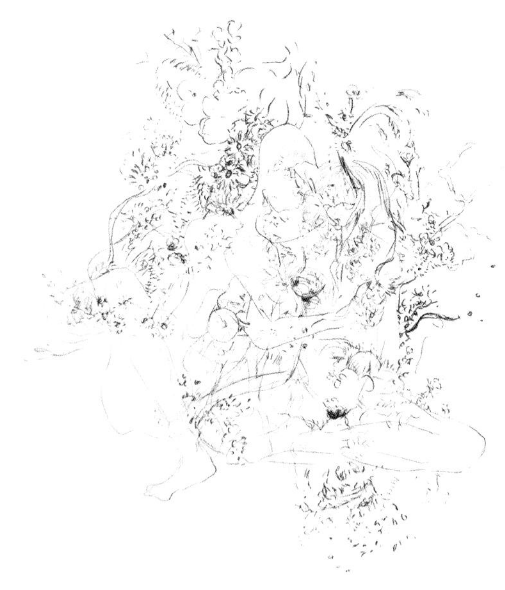

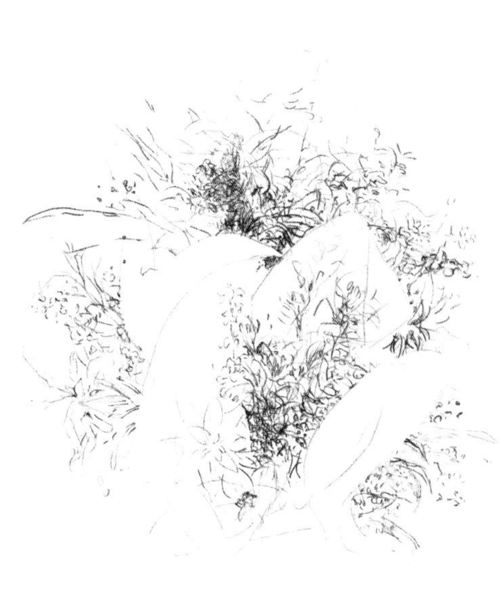

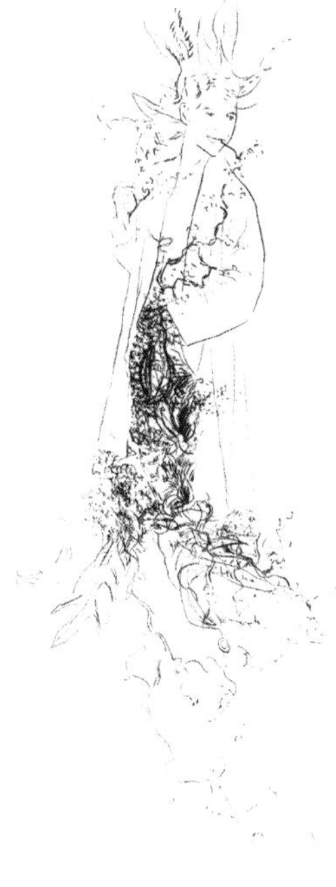

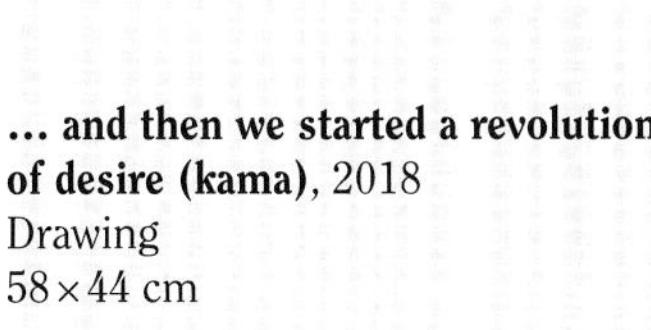

... and then we started a revolution of desire (kama), 2018
Drawing
58 × 44 cm

... and then we started a revolution of desire (Lustgarten), 2018
Drawing
60.5 × 43 cm

... and then we started a revolution of desire (le bourgeon), 2018
Drawing
49 × 33 cm

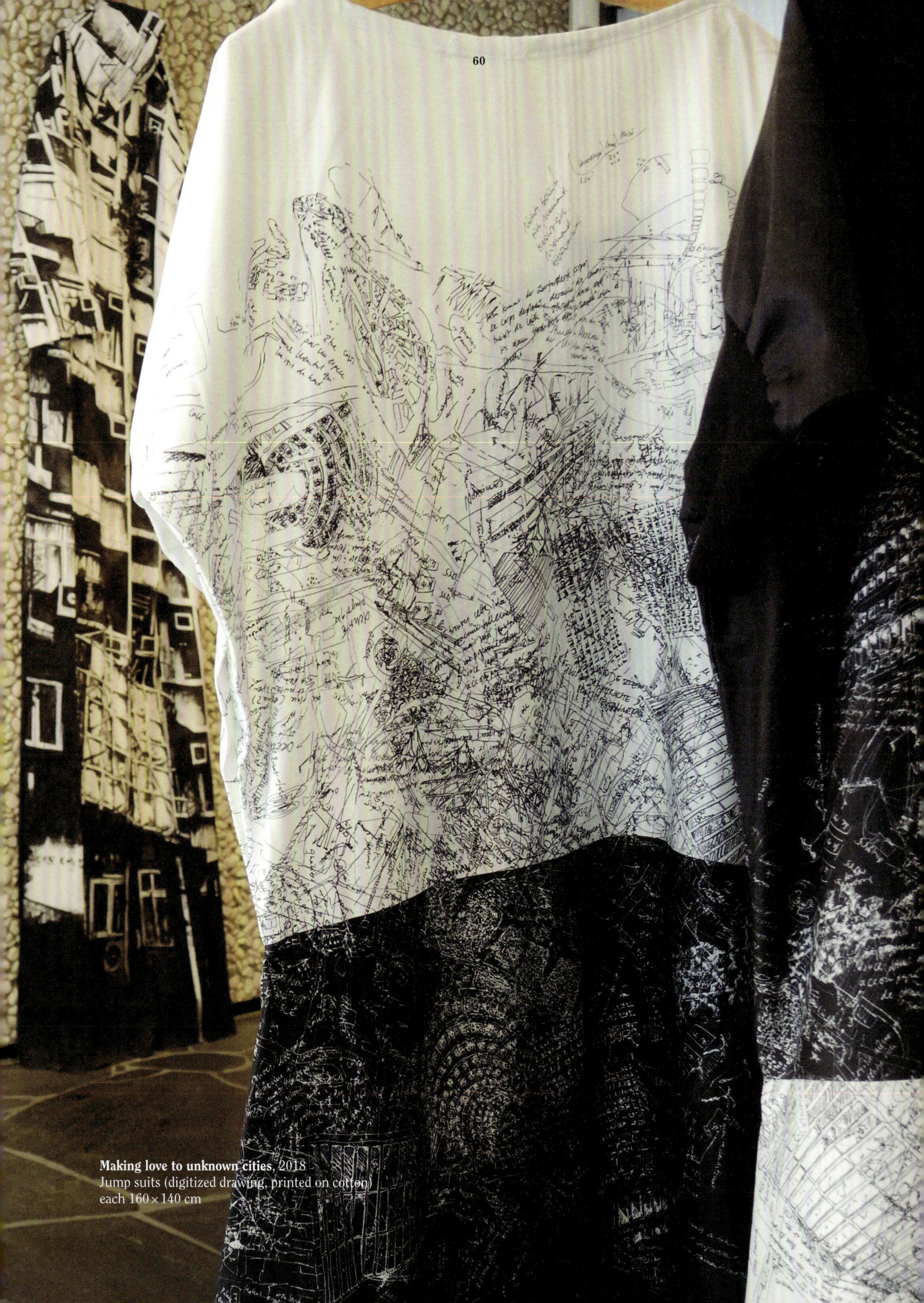

Making love to unknown cities, 2018
Jump suits (digitized drawing, printed on cotton)
each 160 × 140 cm

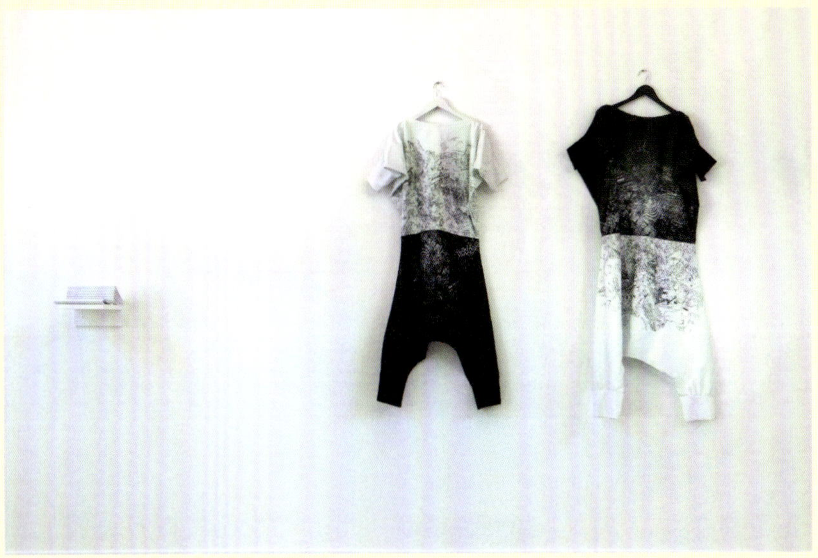

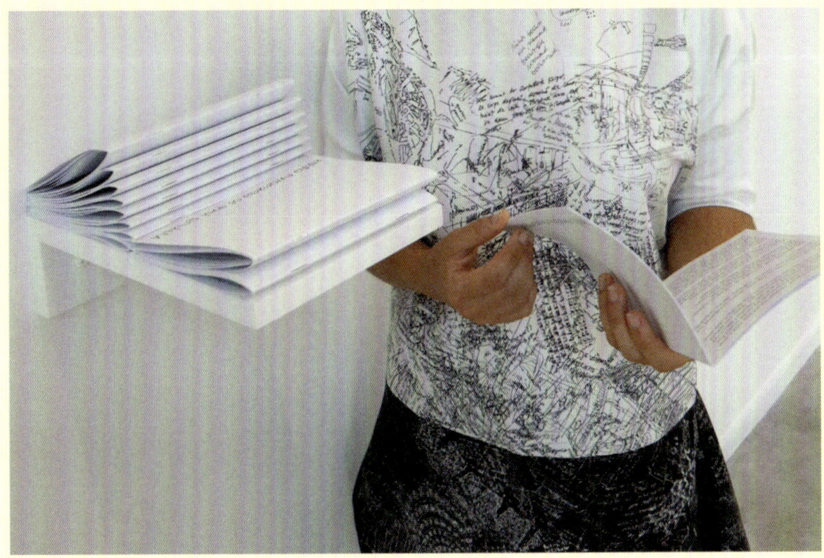

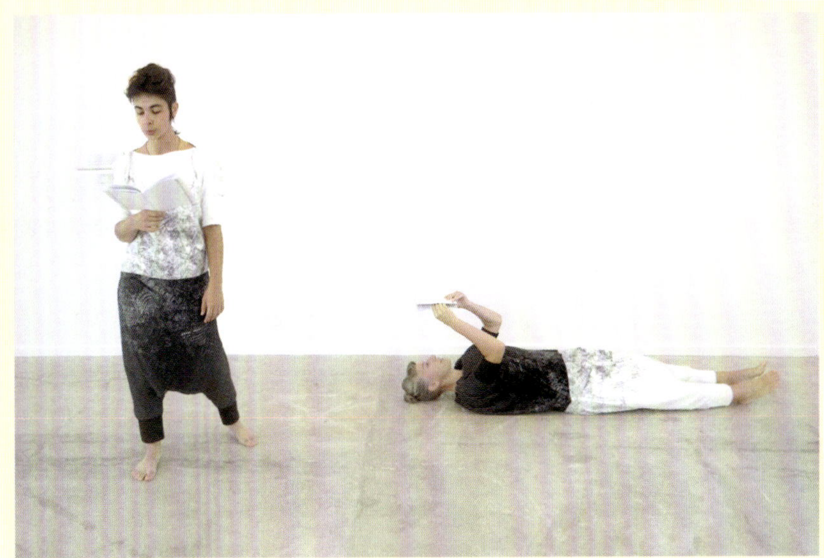

Making love to unknown cities, 2018
Jump suits, edition (bilingual), performance
La Kunsthalle Mulhouse

Iris Dressler
Überlegungen zu *Making love to unknown cities*

Katrin Ströbels mehrteilige Arbeit *Making love to unknown cities* besteht aus einem in deutscher und französischer Sprache verfassten Text und einer digitalen Zeichnung, in der handschriftlich geschriebene Fragmente aus diesem Text sowie Elemente von Architekturen, Karten, Stadtplänen und anderen Anzeichen des urbanen Lebens jenseits der euklidischen Raumordnung in-, über- und nebeneinander gelagert sind. Die Zeichnung wurde von der in Marseille, Rabat und Stuttgart lebenden Künstlerin auf einen Stoff gedruckt – je zur Hälfte weiß vor einem schwarzen und schwarz vor einem weißen Hintergrund – und der Stoff wiederum zu zwei identischen, sich nur in der Kleidergröße unterscheidenden Anzügen weiterverarbeitet. Im „ruhenden" Zustand werden die beiden Anzüge an Kleiderbügeln aufgehängt präsentiert – zusammen mit dem in Form von gedruckten Heften zur Mitnahme ausgelegten zweisprachigen Text. Im Rahmen von Performances werden sie von Katrin Ströbel und einer weiteren Person getragen, die den gesamten Text vorlesen: Seite für Seite abwechselnd auf deutsch und französisch, den Text dabei regelmäßig wiederholend und zugleich verschiebend. Übersetzung ist bekanntlich nie eine Eins-zu-Eins-Übertragung zwischen Sprachen.

Der Anzug, dessen puristischer Schnitt auf der horizontalen wie vertikalen Achse symmetrisch gespiegelt ist, wird entlang der Taille farblich getrennt. Auf der einen Hälfte dominiert der schwarze, auf der anderen der weiße Hintergrund, wobei sich beliebig entscheiden lässt, welche Hälfte als Ober- und welche als Unterteil getragen wird.

Der Text kreist in verschiedenen Schleifen, Rhythmen und Sprachformen um eine Reihe von Dichotomien, deren Urszene sich in der trennenden Beziehung von Ich und Du manifestiert: Eine Abspaltung und Entgegensetzung, die, wie es Jacques Lacan in seiner Theorie über das Spiegelstadium beschreibt,[1] auf einer Illusion, einem Trugschluss beruht – dem Spiegelbild, mit Hilfe dessen wir unseren Körper erst als ganzen betrachten und als autonomen imaginieren können.

Die Konstruktion des weißen männlichen Subjekts, des politischen Souveräns, basiert darauf, dass dieses Subjekt alles, was es von sich selbst abzuspalten wünscht, auf den Anderen – die Frau, Natur, das Fremde, den Süden, den nicht-normativen Körper etc. – überträgt und somit dessen Platz einnimmt. Diese binären Konstruktionen schaffen nicht nur Fiktionen des Einen *und* der Anderen, sondern regulieren auch die Hierarchien und Machtverhältnisse zwischen den konstruierten Entitäten.

In dem Text spricht ein Ich unentwegt zu einem Du, wobei diese scheinbar fixen Positionen hier beständig verschoben und verkehrt werden. Er kreist um die binären Oppositionen von – und Spiegelverhältnisse zwischen – Mann und Frau, Norden und Süden, Stadt und Land, Europa und Afrika, Weiß und Schwarz. Diese lassen sich jedoch weder dem Ich bzw. dem Du eindeutig zuordnen noch werden sie hier jeweils selbst als Konstanten verhandelt.

Die Frage nach der Beziehung zwischen Körper und Raum, nach der körperlichen Erfahrung von Raum und wie diese von der weißen, bürgerlichen und heteronormativen Ordnung geprägt sind, ist in Ströbels künstlerischer Praxis zentral. Dies spiegelt sich auch in *Making love to unknown cities* wider: Im Text aufgezählte Handlungen wie „Repräsentation, Erholung, Flanieren, Abhängen, Rumlungern, Streunen, Zeit totschlagen, hektisch Sex haben, Betteln, Kranksein, Schmerzen haben, Schlafen, Leben" nehmen innerhalb dieser Ordnung fest zugewiesene, sowohl exponierte als auch im Verborgenen liegende Plätze ein. Diese Ordnung wird im Text wie in der Zeichnung indes beständig in Zweifel gezogen und unterminiert.

„Der öffentliche Raum. Du redest darüber, als ob er eine feste, stabile Größe ist!", schreibt die Künstlerin an einer Stelle. Und an einer anderen: „Öffentliche Räume werden durch die gewohnheitsmäßigen Handlungen von Körpern gestaltet und definiert; die Körper bestimmen die Konturen des Raumes." Es sind die *nicht gewohnheitsmäßigen* Handlungen von *weiblichen* Körpern, die die (scheinbar) stabilen Größen des öffentlichen Raums zu Fall bringen.

Der Text, der ungeklärt lässt, wer hier wann spricht, ist durchzogen von Zitaten aus unterschiedlichen Songs der Popmusik der Siebzigerjahre bis heute. Das Spektrum reicht von Joni Mitchell bis Peaches, von Supertramp bis Janelle Monáe, von den Wunschprojektionen weißer Männer bis zur Rebellion arabischer Frauen.

Besungen werden beispielsweise – und in einem Atemzug – die männliche Inanspruchnahme des öffentlichen Raums und des weiblichen Körpers. „It doesn't matter what you wear / Just as long as you are there / So come on every guy, grab a girl, everywhere / Around the world / They'll be dancing, dancing in the streets", heißt es bei David Bowie und Mick Jagger (1985). Zeilen, die einem unmittelbar das Echo jenes unerträglichen „grab them by the pussy" ins Ohr wehen.

Besungen werden aber auch Frauen, die sich den öffentlichen Raum mit ihren Körpern, ihrer Sexualität und ihrem Begehren aneignen. Die Farbe Rosa repräsentiert in Janelle Monáes Song *Pynk* (2018) keineswegs nur die zuckersüße Welt harmloser Mädchenträume, sondern Geschlecht und Sexualität in ihrer unmittelbaren Fleischlichkeit: „Pink like the inside of your, baby / ... / Pink like the tongue that goes down, maybe." Im Musikvideo zu diesem Song (Regie: Emma Westenberg) taucht wiederholt jene Tanzszene auf, in der die Tänzer*innen ausladende rosafarbene Hosen tragen, die übergroße Vaginas darstellen (Design: Duran Lantink).

Die offensiv-lustvolle Aneignung, Neuaufteilung und Sexualisierung des öffentlichen und privaten Raums durch Frauen ist auch bei den im Text zitierten Songs von M.I.A. (*Bad Girls*, 2012) und Peaches (*Dick in the Air*, 2015) Thema. „We've been shaking our tits for years, so let's / switch positions, no inhibitions / ... / Dick in the air, let me see you put your / Put your dick in the air" fordert Letztere – und man muss unweigerlich an eine Stelle aus Elfriede Jelineks Roman *Lust* (1989) denken: „Der Mann ragt inmitten seiner Stacheln von Haar und Hitze aus sich heraus. So vergrößern die Männer sich und ihre Werke, die aber bald wieder hinter ihnen zusammenfallen. Sicherer stehen die Bäume im Wald."

Im Video zu M.I.A.s Song *Bad Girls* (Regie: Romain Gavras) prahlen junge arabische Frauen in dicken Autos, die sie minutenlang auf nur zwei Rädern entlang der Wüstenpiste balancieren, mit der Allmacht ihrer sexuellen und geschlechtlichen Potenz.[2] Sie halten, so könnte man mit Peaches sagen, „ihre Schwänze in die Luft".

Making love to unknown cities lautet der Titel dieser Arbeit – wobei es Ströbel weniger um eine Liebeserklärung an die Stadt oder einen Liebesakt mit derselben zu gehen scheint, sondern um ein *Fuck you, City*, eine Zurückweisung der patriarchalen Ordnung des öffentlichen Raums. Die Betonung liegt eher auf dem „Liebe machen" mit dem *Unbekannten*, auf einer Erotik des öffentlichen Raums, die nicht der heteronormativen Ordnung verpflichtet ist.

Wie nähert man sich einer Stadt, insbesondere einer unbekannten? Aus der Vogelperspektive, also mithilfe einer Übersicht versprechenden Karte, oder ohne Distanz, indem man inmitten der Stadt nach dem Weg fragt und dabei in einer Art kollektivem *dérive* von Ort zu Ort geschickt, manchmal auf die „richtige" und manchmal auf die „falsche" Fährte geführt wird?

Aus der Nähe verteilen sich Grenzen neu, das gilt nicht nur fürs Tanzen und „Liebe machen". An einer Stelle im Text heißt es: „Was ich häufig in Marokko höre: Afrika, du warst in Afrika? Da möchte ich auch mal hin. Das Gleiche sagt mir Pierres Mutter auf ihrer Farm in Südafrika, an der Grenze zu Botswana."

Making love to unknown cities lässt sich als Einladung Ströbels zu einer gewissen Nähe bzw. Distanzlosigkeit lesen, um körperliche, räumliche, soziale und geschlechtliche Grenzen neu zu verhandeln. Im Umgang mit dem Fremden und Unbekannten schlägt die Filmemacherin Trinh T. Minh–ha ein „speaking nearby", ein „aus der Nähe sprechen" vor. Anstatt den Platz des Anderen einzunehmen, geht es um eine Näherung, bei der immer ein Stück Distanz gewahrt bleibt. Hierin sehe ich die Voraussetzung für ein jegliches queeres Raumkonzept.

1 Jacques Lacan, „Das Spiegelstadium als Bildner der Ichfunktion, wie sie uns in der psychoanalytischen Erfahrung erscheint" (1948), in: ders., *Schriften I*, Berlin 1986, S. 61–70.
2 Das Video wurde 2012 in Marokko in Solidarität mit der „Women to Drive"-Bewegung in Saudi-Arabien gedreht, wo Frauen bis Juni 2018 nicht Auto fahren durften.

Iris Dressler

Réflexions sur *Making love to unknown cities*

Making love to unknown cities, œuvre en plusieurs parties de Katrin Ströbel, se compose d'un texte rédigé en français et en allemand ainsi que d'un dessin numérique. Ce dernier comprend des fragments de ce texte écrits à la main ainsi que des éléments architecturaux, des cartes, des plans de ville et d'autres signes de la vie urbaine allant au-delà de l'aménagement euclidien de l'espace, qui s'interpénètrent, se superposent ou se jouxtent. L'artiste vivant à Marseille, Rabat et Stuttgart a imprimé le dessin sur un tissu – une moitié en blanc sur fond noir, l'autre moitié en noir sur fond blanc – puis en a fait deux costumes identiques, dont seule la taille diffère. Lorsqu'ils sont exposés « au repos », ces deux costumes sont accrochés sur des cintres – accompagnés du texte bilingue imprimé sous la forme de cahiers que le visiteur peut emporter. Dans le cadre de performances, ils sont enfilés par Katrin Ströbel et une autre personne qui lisent au public le texte entier, une page après l'autre, alternant l'allemand et le français, le répétant régulièrement tout en y introduisant des décalages. On sait bien qu'un texte traduit et son original ne sont jamais absolument identiques.

Le costume, dont la coupe puriste est symétrique selon un axe horizontal et un axe vertical, est séparé en deux au niveau de la taille par l'organisation des couleurs. Sur l'une des moitiés, c'est le fond noir qui domine tandis que l'autre est régie par le fond blanc ; on peut choisir librement la moitié que l'on veut porter en haut et celle que l'on souhaite porter en bas.

Sous la forme de différentes boucles, divers rythmes et formes linguistiques, le texte tourne autour d'une série de dichotomies, dont la scène de base se manifeste dans la séparation entre un Je et un Tu : il s'agit d'une scission et d'une opposition qui, comme le décrit Jacques Lacan dans sa théorie sur le stade du miroir[1], repose sur une illusion, une idée fausse, à savoir le reflet, qui seul nous permet de voir notre corps comme un tout et de l'imaginer autonome.

La construction du sujet masculin blanc, du souverain politique, est fondée sur le fait que ce sujet reporte tout ce dont il souhaite se libérer sur l'autre – la femme, la nature, l'étranger, le sud, le corps non normatif, etc. – et en prend ainsi la place. Ces constructions binaires ne créent pas seulement des fictions de l'un *et* des autres, mais régulent aussi les hiérarchies et les rapports de force entre les entités construites.

Dans le texte, un Je parle en permanence à un Tu, mais ces positions apparemment fixes ne cessent d'être décalées et retournées. Le texte tourne autour des oppositions binaires – et des relations de miroir – entre homme et femme, entre nord et sud, entre ville et campagne, entre Europe et Afrique, entre blanc et noir. Celles-ci ne peuvent toutefois être attribuées clairement ni au Je ni au Tu et ne sont jamais vues comme des constantes.

La question de la relation entre les corps et l'espace, de l'expérience corporelle de l'espace et de la façon dont ces corps sont empreints de l'ordre blanc, bourgeois et hétéronormatif est centrale dans la pratique artistique de Ströbel. Ceci se reflète aussi dans *Making love to unknown cities* : les actions énumérées dans le texte, comme « se montrer, se détendre, se balader, flâner, glander, errer à travers la ville, faire passer le temps, faire l'amour à l'arrache, mendier, être malade, avoir des douleurs, dormir, vivre », occupent dans cet ordre établi des places fermement attribuées, aussi bien exposées que cachées. Tant dans le texte que dans le dessin, cet ordre est toutefois constamment mis en doute et miné.

« L'espace public. Tu en parles comme s'il avait une dimension bien précise, stable ! », écrit l'artiste. Et plus tard : « Les espaces publics sont organisés et définis par les habitudes des corps. Les corps déterminent les contours de l'espace. » Ce sont les actions *inhabituelles* de corps *féminins* qui font chuter les sommités (apparemment) stables de l'espace public.

Le texte, qui ne permet pas de déterminer qui parle quand, est jalonné de citations issues de divers tubes de la musique pop des années 1970 à nos jours. Leur éventail s'étend de Joni Mitchell à Peaches, de Supertramp à Janelle Monáe, des projections souhaitées d'hommes blancs à la rébellion de femmes arabes.

Par exemple, l'utilisation masculine tant de l'espace public que du corps féminin est chantée – en même temps. « It doesn't matter what you wear / Just as long as you are there / So come on every guy, grab a girl, everywhere / Around the world / They'll be dancing, dancing in the streets », entend-on chez David Bowie et Mick Jagger (1985). Ces lignes vous soufflent immédiatement à l'oreille l'écho de cet insupportable « grab them by the pussy ».
Mais ces femmes qui s'approprient l'espace public avec leurs corps, leur sexualité et leur désir sont chantées

tout autant. Dans le tube *Pynk* (2018) de Janelle Monáe, la couleur rose est loin de ne représenter que le monde à l'eau de rose des rêves anodins de jeunes filles, mais évoque sans détour le sexué et le sexuel sur un mode extrêmement charnel : « Pink like the inside of your, baby / … / Pink like the tongue that goes down, maybe. » Dans le clip correspondant à cette chanson (réalisation : Emma Westenberg), la scène de danse dans laquelle les danseuses et danseurs portent de larges pantalons roses qui représentent des vagins surdimensionnés est récurrente (design : Duran Lantink).

L'appropriation offensive et voluptueuse, la nouvelle répartition et la sexualisation de des espaces public et privé par les femmes est également abordée dans les chansons de M.I.A. (*Bad Girls*, 2012) et de Peaches (*Dick in the Air*, 2015), elles aussi citées dans le texte. « We've been shaking our tits for years, so let's / switch positions, no inhibitions / … / Dick in the air, let me see you put your / Put your dick in the air », voilà ce qu'exige cette dernière – et inéluctablement, on pense à un passage du roman *Lust* (1989) d'Elfriede Jelinek : « L'homme se déploie de toute sa taille au milieu de ses aiguillons pileux et cuisants. C'est ainsi que les hommes se magnifient eux et leurs œuvres qui toutefois s'effondrent derrière eux. Les arbres de la forêt ont meilleure tenue. »

Dans le clip de la chanson *Bad Girls* de M.I.A. (réalisation : Romain Gavras), des jeunes femmes arabes friment dans des grosses voitures filant sur une piste dans le désert, qu'elles maintiennent plusieurs minutes durant en équilibre sur deux roues, avec la toute-puissance de leur puissance sexuelle et sexuée[2]. On pourrait dire, tout comme Peaches, qu'elles dressent « leurs queues dans les airs ».

Ströbel a intitulé son travail *Making love to unknown cities*. Et pourtant, il lui en va, semble-t-il, moins d'une déclaration d'amour à la ville ou d'un acte d'amour envers cette dernière que d'un *Fuck you, City*, d'un rejet de l'ordre patriarcal de l'espace public. L'accent est davantage placé sur « faire l'amour » avec l'*inconnu*, sur un érotisme de l'espace public non soumis à l'ordre hétéronormatif.

Comment aborde-t-on une ville, notamment une ville inconnue ? D'une perspective d'oiseau, donc avec l'aide d'une carte promettant une vue d'ensemble? Ou bien de près, en demandant son chemin au cœur de la ville, en étant alors envoyé d'un lieu à un autre, dans une sorte de *dérive* collective, suivant tantôt la « bonne » piste, tantôt la « mauvaise » ?

De près, les frontières se redistribuent ; cela ne vaut pas seulement pour danser et pour « faire l'amour ». Un passage du texte explique : « Ce que j'entends souvent au Maroc : l'Afrique, tu as été en Afrique ? J'aimerais aussi y aller. La mère de Pierre, dans sa ferme en Afrique du Sud, à la frontière du Botswana, me dit aussi la même chose. »

Making love to unknown cities peut être lu comme une invitation de Ströbel à une certaine proximité ou absence de distance, afin de renégocier les limites corporelles, spatiales, sociales et sexuées. Pour aborder l'étranger et l'inconnu, la cinéaste Trinh T. Minh–ha propose un « speaking nearby », un « parler de près ». Au lieu de prendre la place de l'autre, il s'agit d'un rapprochement dans lequel on perçoit toujours un peu de distance. Je vois ici la condition permettant une conception queer de l'espace.

1 Jacques Lacan, « Le stade du miroir comme formateur de la fonction du Je telle qu'elle nous est révélée dans l'expérience psychanalytique » (1948), in : *Revue française de psychanalyse*, octobre 1949, p. 449–455. https://gallica.bnf.fr/ark:/12148/bpt6k54444473/f3.tableDesMatiere, consulté le 17 mars 2020.
2 La vidéo a été tournée au Maroc en 2012, en signe de solidarité avec le mouvement « Women to Drive » en Arabie Saoudite, où, jusqu'en juin 2018, les femmes n'avaient pas le droit de conduire une voiture.

Iris Dressler

Notes on *Making love to unknown cities*

Katrin Ströbel's multi-part work *Making love to unknown cities* consists of a text written in German and French and a digital drawing in which handwritten fragments of this text as well as architectural elements, maps, and other signs of urban life beyond the Euclidean spatial order are arranged within, on top of, and alongside one another. The artist, who lives between Marseille, Rabat, and Stuttgart, printed the drawing on fabric—one half in white against a black background, the other half in black against a white background—and fashioned it into two differently sized, but otherwise identical suits. In their "resting" state, the two suits are displayed on hangers—together with the bilingual text presented in the form of complementary printed booklets. During her performances, Katrin Ströbel and an accompanying person wear these suits as they read the entire text aloud: page by page, alternating between German and French, in other words repeating the text in regular intervals while at the same time transforming it. As we know, translation is never a one-to-one conversion from one language to another.

The suit, whose purist tailoring is mirrored symmetrically along both the horizontal and vertical axes, is separated by color at the waistline. One half is dominated by the black background, the other by the white; it's up to the wearer to decide which half is to be worn on top and which half below.

Through various loops, rhythms, and linguistic forms, the text revolves around a series of dichotomies the primal scene of which is manifested in the relationship separating *you* from *me*: a dissociation and opposition that, as Jacques Lacan describes it in his theory of the mirror stage,[1] is based on an illusion, a fallacy: the mirroring that allows us to see our bodies for the first time as a whole and to imagine them as autonomous entities.

The construction of the white male subject, the political sovereign, is based on the fact that this subject transfers everything it wishes to disassociate itself from onto the Other—woman, nature, the foreign, the South, the non-normative body, etc.—and thus takes its place. These binary constructions not only create fictions of the one *and* the other; they also regulate the hierarchies and power relationships between these constructed entities.

Throughout the text, an I speaks to a You, whereby these seemingly defined positions are constantly shifted and transposed. The text revolves around the binary oppositions of—and mirroring relations between—man and woman, North and South, city and countryside, Europe and Africa, white and black. These cannot, however, be clearly ascribed to either the I or You, nor are they negotiated here as constants in and of themselves.

Central to Ströbel's artistic practice is the question concerning the relationship between body and space; the physical experience of space and how it is shaped by the white, bourgeois, heteronormative order. This is also reflected in *Making love to unknown cities*: the actions listed in the text—"representation, relaxation, strolling, hanging out, loitering, roaming around, killing time, having hectic sex, begging, being ill, feeling pain, sleeping, living"—assume clearly assigned places within this order that are both hidden and exposed. In the text and in the drawing, this order is constantly undermined and called into question.

"Public space. You talk about it as if it were a fixed, stable entity!", writes the artist at one point. And elsewhere: "Public spaces are shaped and defined by the habitual actions of bodies; it's bodies that determine the contours of the space." It is the *non-habitual* actions of *female* bodies that bring about the fall of the (seemingly) stable entities of public space.

The text, which clarifies neither who is speaking nor when, is interspersed with quotes from various pop songs from the seventies to the present. The spectrum ranges from Joni Mitchell and Peaches to Supertramp and Janelle Monáe, from the wishful projections of white men to Arab women's rebellion.

There are, for instance, songs about the male domination of public space and the female body—and both in a single breath. In 1985, David Bowie and Mick Jagger sing: "It doesn't matter what you wear / Just as long as you are there / So come on every guy, grab a girl, everywhere / Around the world / They'll be dancing, dancing in the streets." Lyrics that immediately bring to mind an echo of that unbearable "grab them by the pussy."

But there are also songs about women who lay claim to public space with their bodies, their sexuality, and their desire. In Janelle Monáe's song *Pynk* (2018), the color pink by no means stands for nothing more than the harmless world of sweet girls' dreams, but rather gender and sexuality in the form of raw flesh: "Pink like the inside of your, baby / … / Pink like the tongue that goes down, maybe." In the music video for this song (directed by Emma Westenberg), there's a recurring dance sequence in which the dancers wear elaborate pink pants that resemble huge vaginas (designed by Duran Lantink).

The brazenly lascivious appropriation, rearrangement, and sexualization of public and private space by women is also the subject of songs by M.I.A. (*Bad Girls*, 2012) and Peaches (*Dick in the Air*, 2015) quoted in the text, the latter of whom demands: "We've been shaking our tits for years, so let's / switch positions, no inhibitions / … / Dick in the air, let me see you put your / Put your dick in the air"—and inevitably, a passage from Elfriede Jelinek's novel *Lust* (1989) comes to mind: "The Man is chasing his tail too, or his tail is chasing and he is following. So it goes with men, ever onwards, their works ever greater but presently collapsing behind their backs. The trees in the forest are more stoutly and reliably upstanding."

In the video to M.I.A.'s song *Bad Girls* (directed by Romain Gavras), young Arab women popping wheelies in big cars on a desert road for minutes at a time brag about their sexual prowess.[2] Echoing Peaches, you could say they're putting their "dick(s) in the air."

Making love to unknown cities is the title of this work—although Ströbel seems less interested in a declaration of love for or an act of lovemaking with the city, but rather a *Fuck You, City,* a rejection of the patriarchal ordering of public space. The emphasis here is rather on "making love" with the *unknown*, on an eroticism of public space that is not beholden to the heteronormative order.

How do you approach a city, especially an unknown one? From a bird's eye view, i.e. with the help of a map that offers an overview, or without that distance, by asking for directions right in the city's midst and being sent from place to place in a kind of collective *dérive*: sometimes in the "right" direction, and sometimes in the "wrong" one?

Up close, borders become reallocated, and that doesn't merely apply to dancing and "making love." At one point, the text reads: "What I often hear in Morocco: Africa, you were in Africa? I want to go there too. I hear the same thing from Pierre's mother on her farm in South Africa, on the border with Botswana."

Making love to unknown cities can be read as Ströbel's invitation to a kind of closeness or lack of distance, in order to renegotiate physical, spatial, social, and gender boundaries. In this regard, the filmmaker Trinh T. Minh-ha suggests "speaking nearby" when dealing with the strange and the unknown. Instead of taking the other's place, it's about taking an approach that always maintains a degree of distance. I see this as the prerequisite for any queer spatial concept.

1 Jacques Lacan, "The Mirror Stage as Formative of the I Function as Revealed in Psychoanalytic Experience," in: *Ècrits: The First Complete Edition in English*, New York 2006, pp. 75ff.
2 The video was made in Morocco in 2012 in solidarity with the "Women to Drive" movement in Saudi Arabia, where women were not allowed to drive a car until June 2018.

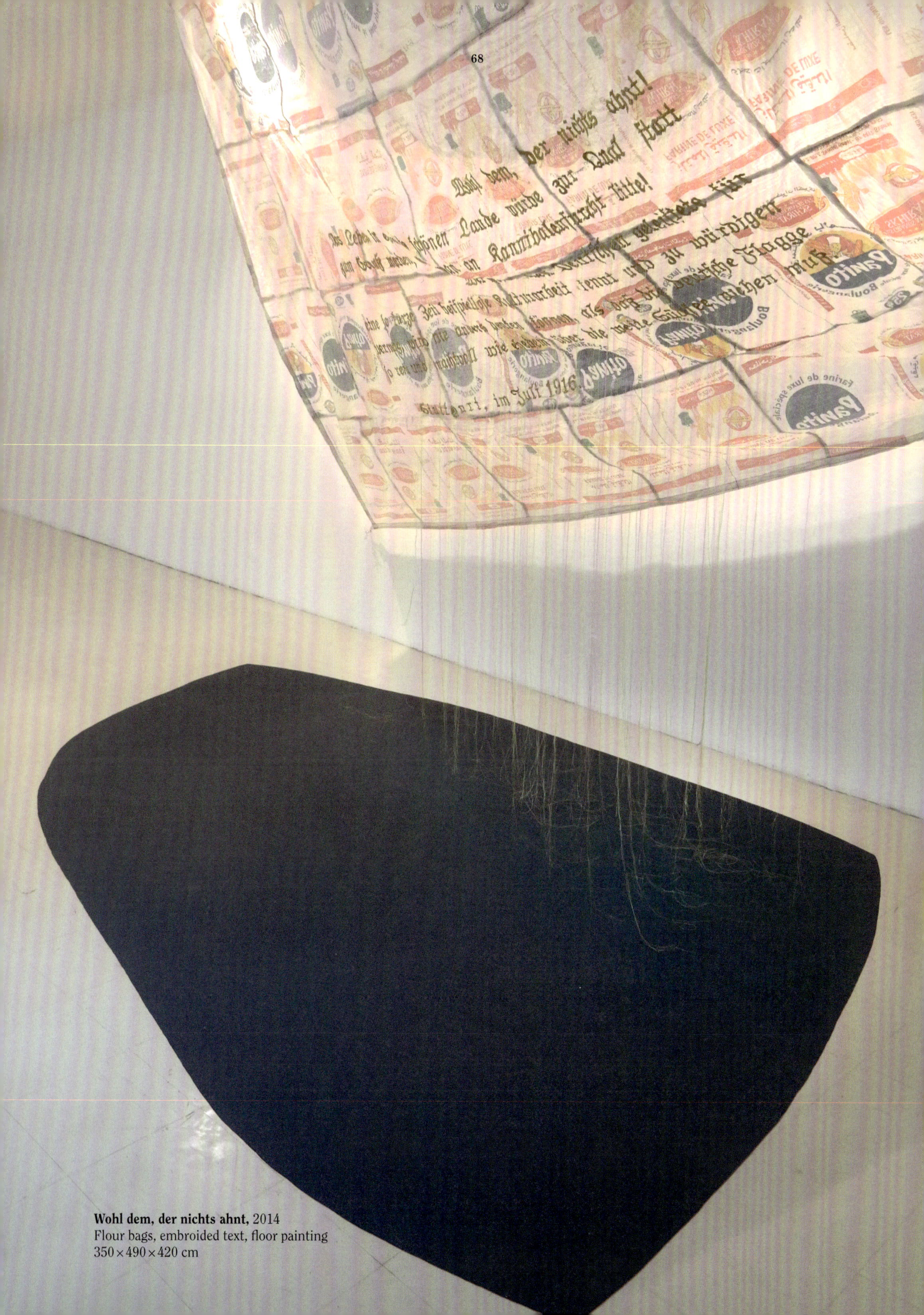

Wohl dem, der nichts ahnt, 2014
Flour bags, embroided text, floor painting
350 × 490 × 420 cm

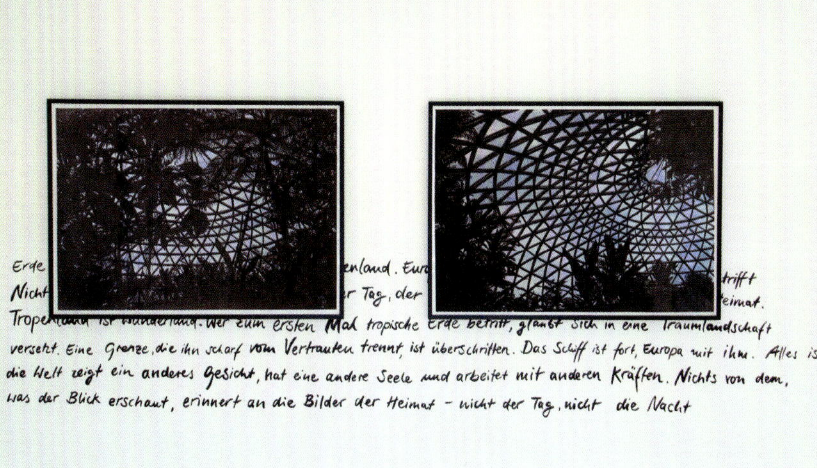

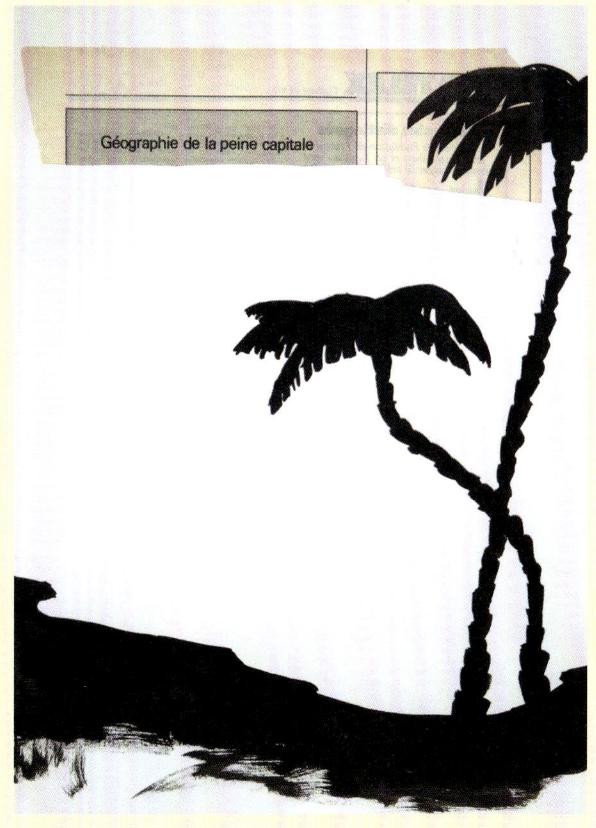

Tropenland ist Wunderland, tropical dome 1 & 2 (Mount Coo-tha), 2012/2016
Wall drawing, aquarelle
each 80 × 120 cm

Géographie de la peine capitale, 2016
Ink drawing, collage
32 × 23 cm

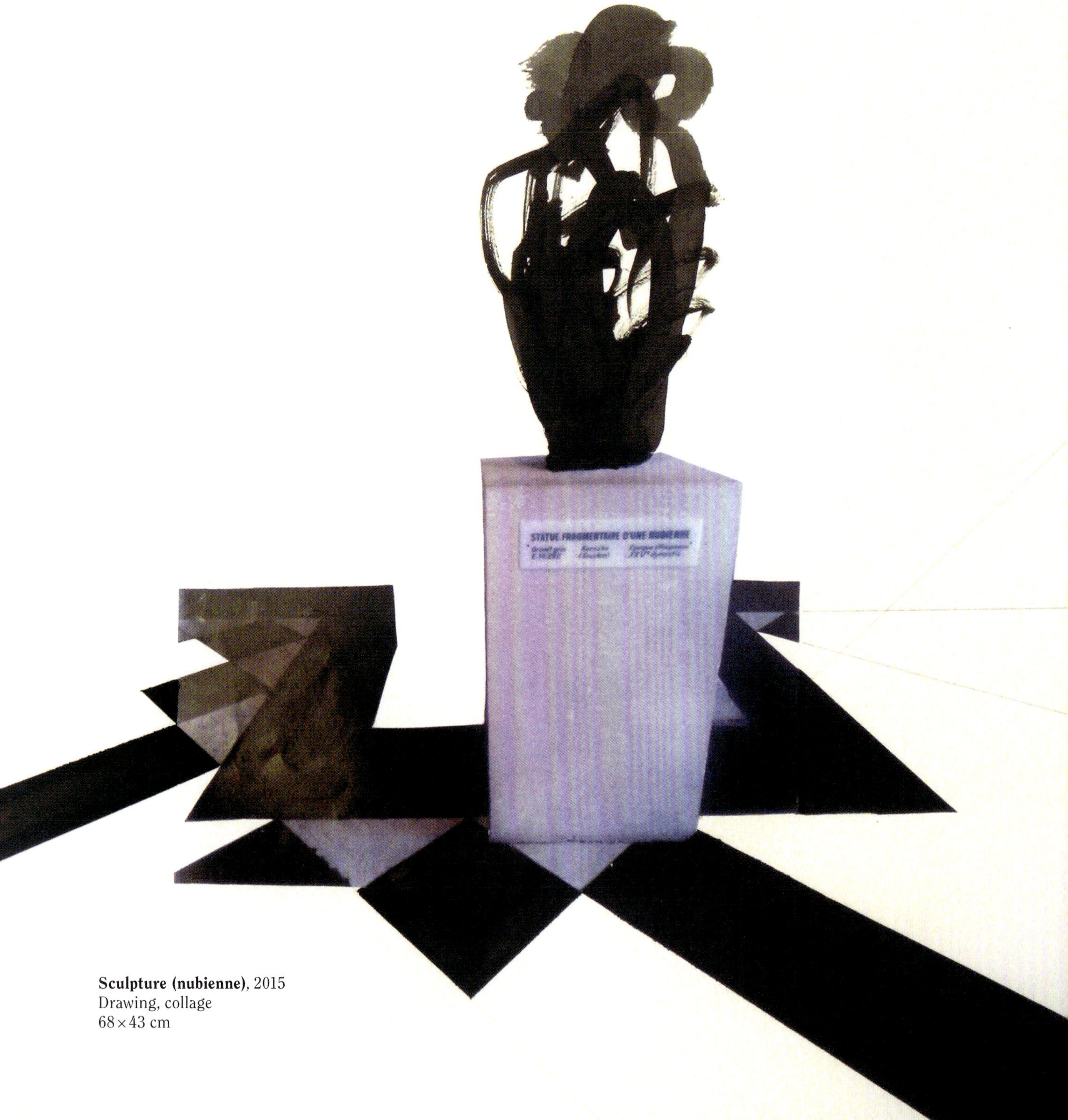

Sculpture (nubienne), 2015
Drawing, collage
68 × 43 cm

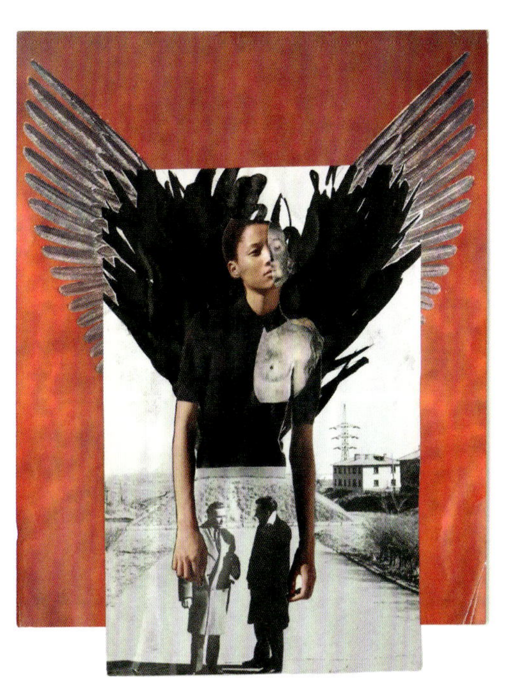

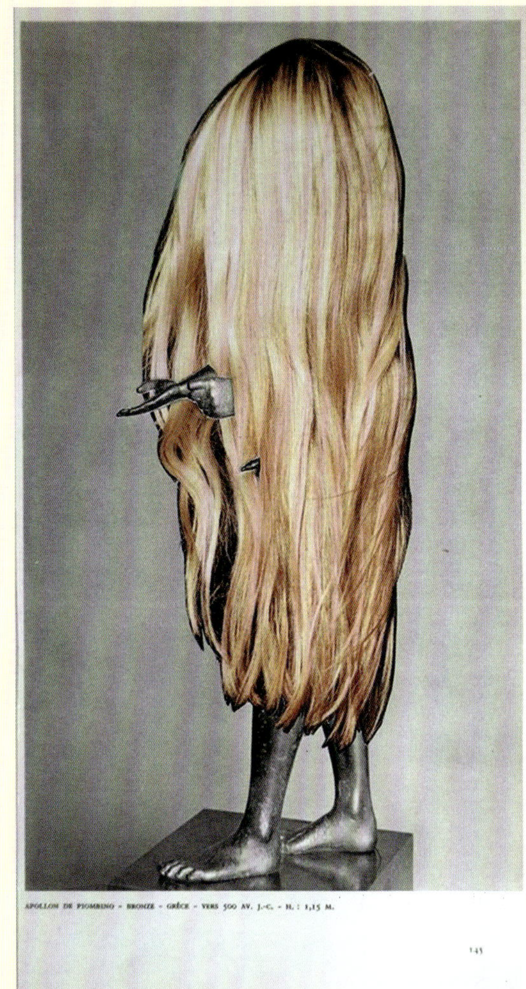

Untitled, 2018
Ink drawing, collage
44 × 24 cm

Arabic love story, 2016
Drawing, collage
45 × 24 cm

Villa, 2017
Collage
30 × 16.5 cm

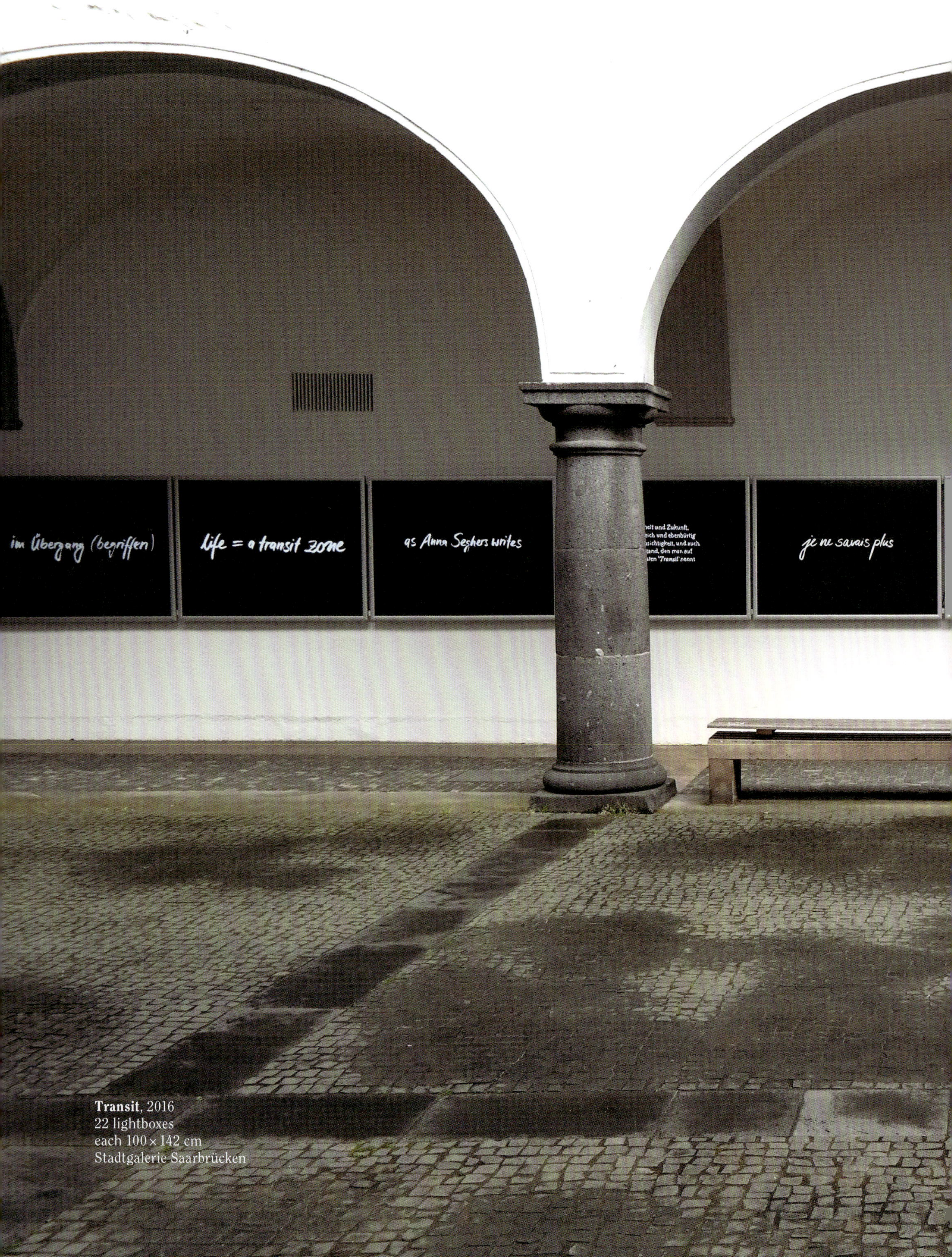

Transit, 2016
22 lightboxes
each 100 × 142 cm
Stadtgalerie Saarbrücken

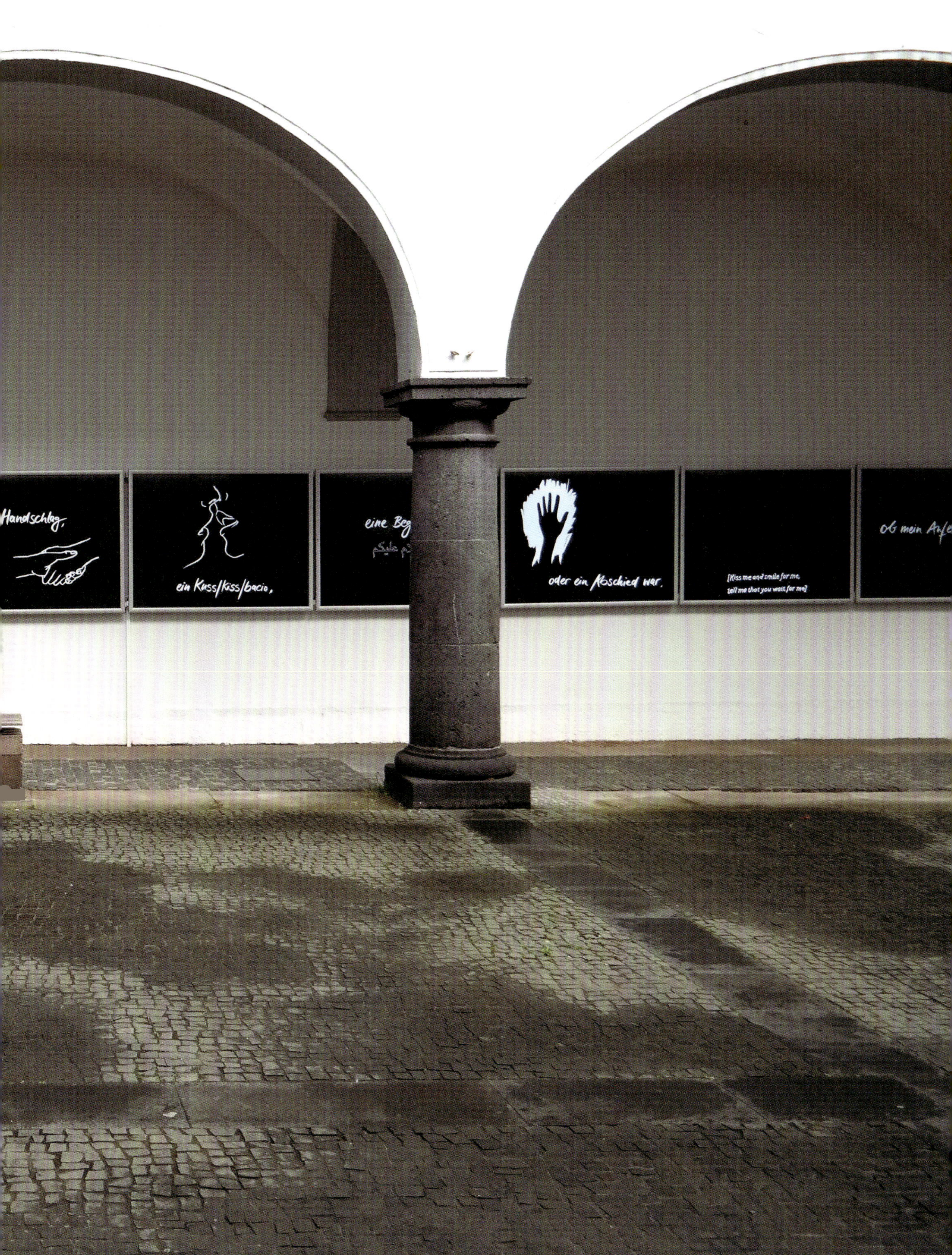
Handschlag,
ein Kuss/kiss/bacio,
oder ein Abschied war,
[Kiss me and smile for me,
tell me that you wait for me]

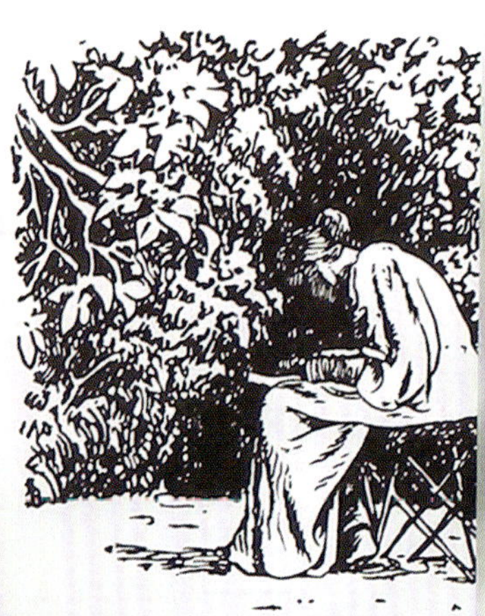

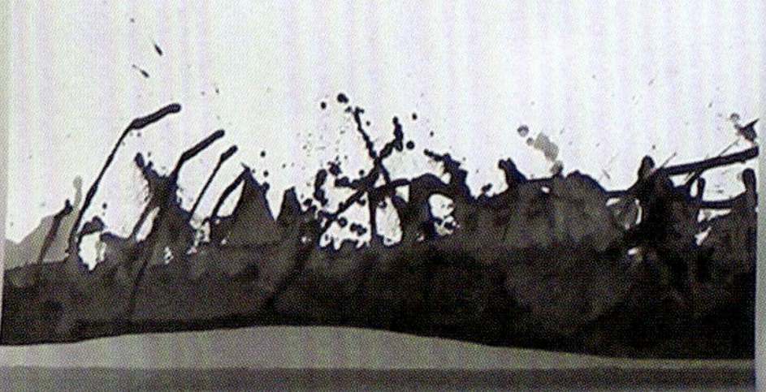

Wenn man dienen kann, 2014
Ink drawing, graffiti on (translucent) paper, ink jet print
220 × 270 cm

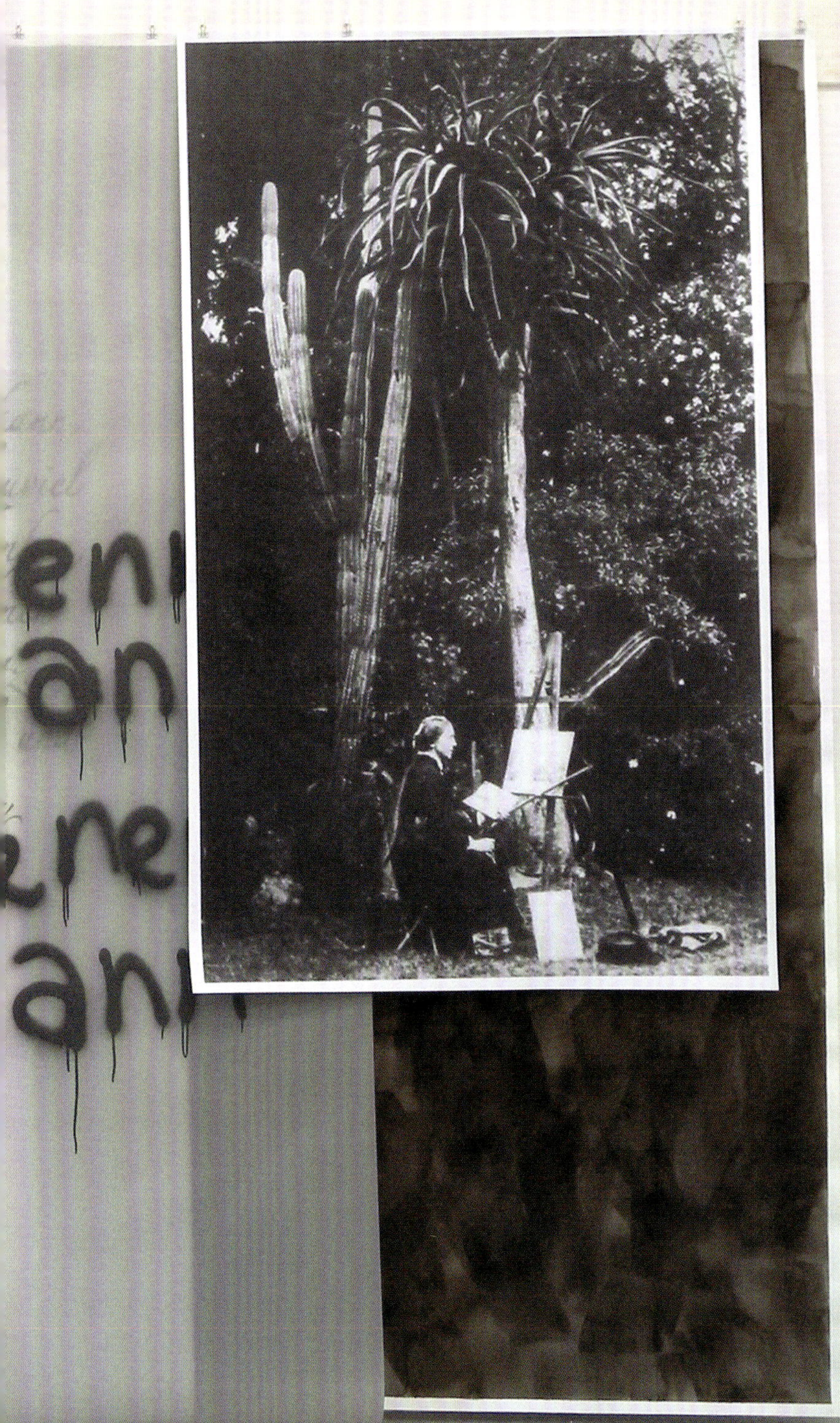

Biografische Angaben

Katrin Ströbel (*1975) lebt und arbeitet in Marseille (FR), Stuttgart (DE) und Rabat (MA).
Ihre Zeichnungen, ortsspezifischen Arbeiten und Installationen basieren auf einer kritischen Auseinandersetzung mit den sozialen und geopolitischen Bedingungen, die unseren gesellschaftlichen Alltag definieren. Ströbels Arbeit beschäftigt sich mit kulturellen Codes und (visuellen) Sprachen sowie mit Themen wie Kolonialismus, Migration und Vertreibung, und zeigt, wie stark Gender- und Geopolitiken miteinander verbunden sind. In zahlreichen Zeichnungen und Collagen dekonstruiert sie Geschlechterverhältnisse und weibliche Stereotypen. Seit 2004 hat die Künstlerin regelmäßig in Marokko, Nigeria, Senegal, Südafrika, Peru, Australien und den USA gearbeitet. Katrin Ströbel hat bildende Kunst und Literatur studiert. Sie hat in Kunstgeschichte promoviert. Sie ist Mutter. Seit 2013 lehrt sie als Professorin an der Villa Arson, École nationale supérieure d'art Nice, Frankreich.

Julie Crenn ist promovierte Kunsthistorikerin, Kunstkritikerin und unabhängige Kuratorin. Ihre Doktorarbeit untersuchte Textilkunst der Gegenwart und künstlerische Arbeiten, die sich mit kollektiver Erinnerung, Geschichte, Geschlechterverhältnissen sowie kultureller und sexueller Identität auseinandersetzen. Sie schreibt regelmäßig für verschiedene Kunstmagazine.

Iris Dressler ist seit 2015 Direktorin des Württembergischen Kunstvereins Stuttgart. Sie studierte Kunstgeschichte, Philosophie und Literatur in Marburg und Bochum. Im Jahr 2019 war sie zusammen mit Hans D. Christ künstlerische Leiterin von Bergen Assembly. Einer ihrer Schwerpunkte ist die Erforschung kollaborativer, transnationaler und transdisziplinärer Formen des Kuratierens.

Sophie Orlando lebt in Paris und unterrichtet Kunstgeschichte und Kunsttheorie in der Villa Arson in Nizza. Sie schreibt, forscht und arbeitet über künstlerische Praktiken und Konzeptualismus, Black Arts und intersektionellen Feminismus. Aktuell arbeitet sie an diversen Projekten zur kritischen Pädagogik in der bildenden Kunst.

Dorit Schäfer studierte Kunstgeschichte, klassische Archäologie und französische Literatur in Heidelberg und London. Die promovierte Kunsthistorikerin ist seit 1998 Kuratorin an der Staatlichen Kunsthalle Karlsruhe und dort seit 2003 Leiterin des Kupferstichkabinetts. Ihre Arbeitsschwerpunkte liegen in der französischen Kunst des 18.–20. Jahrhunderts und in der zeitgenössischen Zeichnung und Druckgrafik.

Informations biographiques

Katrin Ströbel (* 1975) vit et travaille à Marseille (FR), Stuttgart (DE) et Rabat (MA).
Ses dessins, œuvres in situ et installations sont basés sur un questionnement critique des conditions sociales et géopolitiques qui définissent notre quotidien. Le travail de Ströbel porte sur les codes culturels et les langages (visuels), mais aussi sur des sujets tels que le colonialisme, la migration et le déplacement forcé et montre à quel point les politiques du genre et de l'espace sont liées. Avec une perspective critique et ironique, l'artiste déconstruit les relations de genre et les stéréotypes féminins dans ses dessins et collages. Depuis 2004, l'artiste a travaillé régulièrement au Maroc, au Nigeria, au Sénégal, en Afrique du Sud, au Pérou, en Australie et aux États-Unis.
Katrin Ströbel a fait des études d'arts plastiques et de littérature. Elle est docteure en histoire de l'art. Elle est mère. Depuis 2013, elle est professeure à la Villa Arson, École nationale supérieure d'art de Nice, France.

Julie Crenn est docteure en histoire de l'art, critique d'art et commissaire indépendante. Sa thèse de doctorat portait sur les pratiques textiles contemporaines et ses pratiques artistiques mettant en avant les thématiques de la mémoire, l'histoire, le genre et les identités culturelles et sexuelles. Elle contribue régulièrement à divers magazines d'art.

Iris Dressler est directrice du Württembergischer Kunstverein Stuttgart depuis 2015. Elle a étudié l'histoire de l'art, la philosophie et la littérature à Marburg et Bochum. En 2019 elle menait la direction artistique de Bergen Assembly avec Hans D. Christ. L'un de ses principaux objectifs est d'explorer des formes collaboratives, transnationales et transdisciplinaires de curating.

Basée à Paris, **Sophie Orlando** enseigne l'histoire de l'art et la théorie de l'art à la Villa Arson à Nice. Elle écrit, édite, diffuse et partage à propos de pratiques artistiques situées dans la sphère du conceptualisme, des Black Arts et du féminisme intersectionnel. Elle développe actuellement des projets sur les pédagogies critiques appliquées au champ de l'art.

Dorit Schäfer a étudié l'histoire de l'art, l'archéologie et la littérature française à Heidelberg et à Londres. Docteur en histoire de l'art, elle est curatrice à la Staatliche Kunsthalle Karlsruhe depuis 1998 et directrice du cabinet d'art graphique (Kupferstichkabinett) depuis 2003. Son travail se concentre sur l'art français du XVIIIe au XXe siècle et sur la gravure et le dessin contemporain.

Biographical information

Katrin Ströbel (*1975) lives and works in Marseille (FR), Stuttgart (DE) and Rabat (MA).
Her drawings, site-specific works and installations are based on a critical questioning of social, cultural, and geopolitical conditions that define our everyday life. Ströbel's work deals with cultural codes and (visual) languages, but also with issues such as colonialism, migration and displacement, and shows how geopolitics and politics of gender are related. With a critical-ironic view, the artist deconstructs gender relations and female stereotypes in various drawings and collages. Since 2004, the artist has worked regularly in Morocco, Nigeria, Senegal, South Africa, Peru, Australia, and the United States.
Katrin Ströbel studied visual art and literature. She holds a PhD in art history. She is a mother. Since 2013 she teaches as professor at the Villa Arson, École nationale supérieure d'art Nice, France.

Julie Crenn holds a doctorate in art history and is an art critic, and an independent curator. Her PhD thesis focused on contemporary textile practices and artistic works that highlight memory, history, gender, and cultural and sexual identities. She regularly contributes to various art magazines.

Iris Dressler is director of Württembergischer Kunstverein Stuttgart since 2015. She studied art history, philosophy, and literature in Marburg and Bochum. In 2019, she was along with Hans D. Christ convener of Bergen Assembly. One of her main focuses is to explore collaborative, transnational and transdisciplinary forms of curating.

Based in Paris, **Sophie Orlando** teaches visual art history and theory at the Villa Arson in Nice. She writes, publishes, disseminates and shares about artistic practices in relation to conceptualism, black arts and intersectional feminism. She is developing several projects about critical pedagogy in the visual arts sphere.

Dorit Schäfer studied art history, archaeology, and French literature in Heidelberg and London. Since 1998, she is curator at the Staatliche Kunsthalle Karlsruhe, where she became head of the graphic collection (Kupferstichkabinett) in 2003. Her main focus is on French art of the 18th–20th century and on contemporary drawing and prints.

In memoriam
Laure Chocheyras
Maïa Izzo-Foulquier

Dank/Remerciements/Thanks
Joan Ayrton, Sven Beckstette, Claire Bernstein, Flo-Souad Benaddi, Camille Chastang, Julie Crenn, Iris Dressler, Karima El Karmoudi, Fabienne Fulcheri, Stella Geppert, Ronald Kolb, Mohammed Laouli, Ayo Mira Laouli, Bonaventure Soh Bejeng Ndikung, Sarah Netter, Sophie Orlando, Dorit Schäfer, Bettina Schönfelder, Katharina Schmidt

Image credits
The works of Katrin Ströbel reproduced on the pages 10, 11, 26, 27, 36–39 were made during the artist's residency at the Espace de l'Art Concret in Mouans-Sartoux in 2018. In these works, shown at the exhibition *All welcome all mercy*, she included works belonging to the collections of Cnap, deposited at the eac., Mouans-Sartoux:

pp. 10/11: Anonymous, undated, shield, zebra skin, 108.5 × 37 × 12 cm, inv FNAC 2012-127

pp. 28/29: Dadamaino, *Volume*, 1958, acrylic on cut canvas, 99.5 × 59.5 cm, inv FNAC 02-1188

Aurelie Nemours, *Midi La Lune,* 1950, book of poems by the artist accompanied by two original woodcuts, 51 pages, printed on laid paper, 21.3 × 12.4 × 0.7 cm, edition: 383/500, inv. FNAC 03-993

pp. 36/37: Ray & Charles Eames, *Leg Splint*, 1944, prototype of a transport splint, glued, laminated, moulded, 107 × 19 × 10 cm, inv FNAC 03-021

Max Bill, *Ulm stool*, 1955, pine and beech, 44.5 × 39 × 29.5 cm, inv FNAC 03-005

pp. 38/39: Aurelie Nemours, *Plan pyramidal*, 1983, oil on canvas, 60 × 60 cm, inv FNAC 02-1445

Centre national des arts plastiques Espace de l'Art Concret, Donation Albers-Honegger

In her exhibition *Von der Zuverlässigkeit des Fragments* at Kunstverein Pforzheim in 2019, the artist included a sculpture by Wilhelm Lehmbruck.
p. 53: Wilhelm Lehmbruck, *Torso der Großen Sinnenden*, 1913, posthumous bronze cast, 105 cm, Kunststammlung Stadt Pforzheim

Konzeption/Concept
Katrin Ströbel, Ronald Kolb, Bettina Schönfelder

Gestaltung/Design
Ronald Kolb (Biotop 3000), Stuttgart

Texte/Textes/Texts
Julie Crenn, Iris Dressler, Sophie Orlando,
Dorit Schäfer, Katrin Ströbel

Übersetzung/Traduction/Translation

Deutsch/Allemand/German:
Christoph Roeber (pp.30–31, 47)

Französich/Français/French:
Catherine Debacq (pp.16–18)
Catherine Livet (pp.62–64)

Englisch/Anglais/English:
Claire Bernstein (pp.51, 34–35)
Andrea Scrima (pp.18–19, 64–65)

Lektorat/Relecture/Copy Editing

Deutsch/Allemand/German:
DISTANZ Verlag, Rebecca Wilton (pp.18–19, 64–65)

Französich/Français/French:
Catherine Livet (pp.30–31, 47)
Joan Ayrton (pp.34–36)

Produktion/Production Management
DISTANZ Verlag

Druck/Printing and Binding/Impression
medialis Offsetdruck GmbH, Berlin

Vertrieb/Distribution
Edel Germany GmbH
www.edel.com
international-books@edel.com

ISBN 978-3-95476-314-6
Printed in Germany

Erschienen im/Publié chez/Published by
DISTANZ Verlag
www.distanz.de

Gefördert durch das
Publié avec le soutien du
Financially supported by
Département des Bouches-du-Rhône

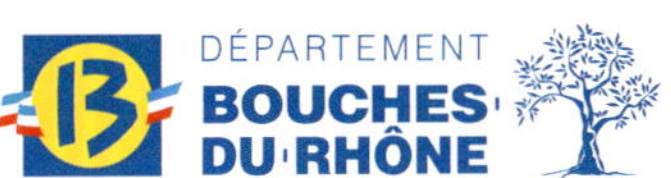

und dem/et le/and the
Kunstverein Pforzheim

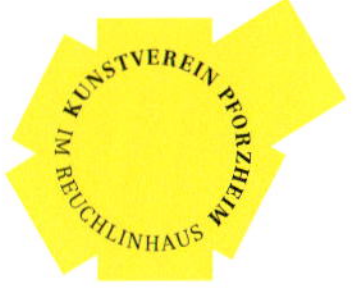